Lambacher Schweizer 7

Mathematik für Gymnasien

Hessen

Arbeitsheft

herausgegeben von Matthias Janssen

erarbeitet von
Petra Hillebrand, Matthias Janssen, Klaus-Peter Jungmann,
Karen Kaps, Tanja Sawatzki, Uwe Schumacher, Colette Simon

Ernst Klett Verlag
Stuttgart · Leipzig

Liebe Schülerinnen und Schüler,

auf dieser Seite stellen wir euch euer Arbeitsheft für die 7. Klasse vor.

Die Kapitel und das Lösungsheft

In den einzelnen Kapiteln des Arbeitshefts werden alle Themen aus eurem Mathematikunterricht behandelt. Wir haben versucht, viele interessante und abwechslungsreiche Aufgaben zusammenzustellen, die euch beim Lernen weiterhelfen werden. Alle Lösungen zu den Aufgaben stehen im Lösungsheft, das in der Mitte eingelegt ist und sich leicht herausnehmen lässt.

Basiswissen

Wichtige Themen aus Klasse 6 werden hier wiederholt und nochmals geübt. Diese Zettel kannst du zum Einstieg bearbeiten oder erst dann, wenn du merkst, dass du z.B. eine Auffrischung zum Rechnen mit Prozenten gut gebrauchen kannst.

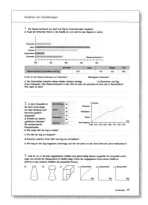

Übungsblätter

Zu allen wichtigen Bereichen der 7. Klasse findet ihr hier viele verschiedene Übungen. Damit ihr seht, wie eine Aufgabe gemeint ist, haben wir an einigen Stellen schon *einen Aufgabenteil gelöst* (*orange Schreibschrift*). Eure Antworten schreibt ihr auf die vorgegebenen Linien _____ oder in die farbigen Kästchen ▭ . Manchmal braucht ihr einen Zettel für Nebenrechnungen.

Merkzettel befinden sich am Ende von jedem Kapitel. Dort stehen alle wichtigen Regeln und Begriffe, die das Kapitel enthält. Damit ihr euch diese Begriffe leichter und auch dauerhaft merken könnt, sollt ihr auch diese Blätter selbst bearbeiten und lösen.

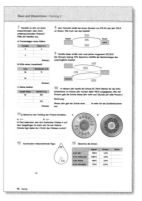

Training: Üben und Wiederholen. Die drei Trainingseinheiten im Heft wiederholen den neuen und auch den schon etwas älteren Stoff. Hier findet ihr Aufgaben zu allen davor liegenden Kapiteln. **Tipp:** Schlagt in den Merkzetteln der vorigen Kapitel nach, wenn ihr auf ein Problem stoßt.

Der Wissensspeicher und das Register

Wisst ihr nicht, was ein Begriff bedeutet? Oder sucht ihr Übungen zu einem bestimmten Thema? Hier hilft das Register auf der letzten Seite. Alle mathematischen Begriffe der 7. Klasse könnt ihr dort nachschlagen. Von dort werdet ihr auf die Seite verwiesen, auf der ihr eine Erklärung des Begriffs findet. Probiert es am besten gleich aus: Auf welcher Seite wird „Gegenzahl" erklärt? _____

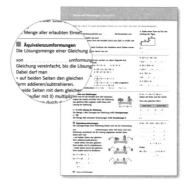

Nun kann es losgehen. Wir wünschen euch viel Spaß und Erfolg beim Lösen der Aufgaben.

Euer Autorenteam

1 Berechne den Flächeninhalt A und den Umfang U eines Rechtecks mit den Seitenlängen a und b.

a) a = 4 dm; b = 3 cm; A = _____ ; U = _____

b) a = 1,2 m; b= 20 cm; A = _____ ; U = _____

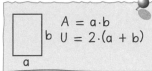

$A = a \cdot b$
$U = 2 \cdot (a + b)$

2 Welche der Figuren besitzen Symmetrieachsen, welche besitzen ein Symmetriezentrum? Zeichne jeweils alle möglichen Symmetrieachsen und Symmetriezentren farbig ein.

a)  b)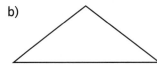

f) 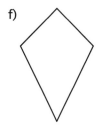 g)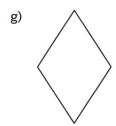

c)  d)  e)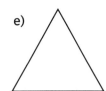

3 Bestimme für die Figuren aus Aufgabe 2 den Flächeninhalt (A) und den Umfang (U). Miss alle dazu benötigten Längen millimetergenau. Trage die Ergebnisse in die Tabelle ein.

	a)	b)	c)	d)	e)	f)	g)
A							
U							

Kontrollergebnisse:

8 cm   9 cm   9 cm   9,5 cm   3 cm²

7,5 cm   2,75 cm²

7,2 cm   7,6 cm   4,5 cm²   5 cm²   3 cm²   3 cm²   4 cm²

4 Wandle in die nächstgrößere Flächeneinheit um.

a) 200 dm² = _____   b) 1500 m² = _____   c) 40 mm² = _____   d) 1 a = _____

5 Wandle in die angegebene Flächeneinheit um.

a) 23 dm² = _____ cm²   b) 5 ha = _____ a   c) 3 000 a = _____ km²   d) 1 cm² = _____ mm²

e) 10 m² = _____ a   f) 2 500 dm² = _____ m²   g) 1 km² = _____ cm²

6 Schätze, wie groß der Fußabdruck auf dem Bild ungefähr ist. Benutze dabei die quadratischen Bodenfliesen als Hilfe.

„Mit der Platzierung des *Ökologischen Fußabdrucks von Berlin* im Foyer des Abgeordnetenhauses machten die Agenda-Akteure Parlamentarier darauf aufmerksam, dass die Stadt – jeder von uns – ‚auf zu großem Fuß‘ und damit auch auf Kosten anderer lebt: wir heute auf Kosten der nächsten Generation, die reichen Länder auf Kosten der armen. Insgesamt beansprucht die Weltbevölkerung 2,5-mal mehr, als die Erde dauerhaft zu bieten hat.“ (berlinagenda.de)

Meine Schätzung ist: _____ m² = _____ dm².

Mein eigener Fuß ist schätzungsweise _____ dm²

groß, also ist der Fußabdruck auf dem Bild ungefähr

_____ mal so groß wie mein eigener Fußabdruck.

1 Schreibe in den angegebenen Volumeneinheiten.

a) 3 m³ 265 dm³ = $\underline{3\,265\,dm^3} = 3,265\,m^3$ _____

b) 43 dm³ 81 cm³ = _____ cm³ = _____ dm³

c) 66 l 3 ml = _____ ml = _____ l

d) 5 hl 30 l = _____ l = _____ hl

2 a) Der Mensch atmet in einer Ruhephase ungefähr 0,5 Liter Luft ein und aus, das sind _____ cm³.

b) Eine Druckerpatrone für einen Tintenstrahldrucker enthält 42 ml Tinte, das sind _____ cm³.

c) Ein Tagesrucksack hat ein Volumen von 30 Litern, das sind _____ m³.

d) Der Porsche 911 Carrera (997) hat einen Hubraum von 3 824 cm³ = _____ Liter.

3 Vervollständige die Schrägbilder der Holzziffern und bestimme deren Volumen und Masse, wenn ein 1 cm³ Holz eine Masse von 0,45 g hat.

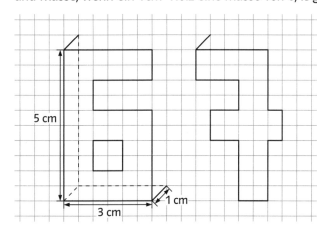

a) Volumen der „6" in cm³: _____

_____

b) Masse der „6" in g: _____

c) Volumen der „7" in cm³: _____

_____

d) Masse der „7" in g: _____

4 Vervollständige das Netz des Prismas und berechne seine Oberfläche: _____ cm². Zeichne in das Netz auch den Buchstaben P (wie Prisma) an die richtige Stelle.

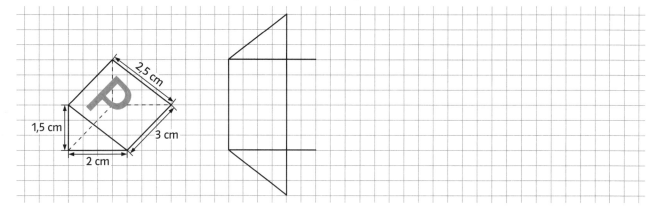

5 a) Heißluftballons gibt es in verschiedenen Größen. Ein Einmann-ballon hat zum Beispiel ein Volumen von etwa 500 m³. Ein Erwachse-ner kann unter Anstrengung in einer Minute ungefähr 100 Liter Luft ausatmen. Wie lange bräuchte ein Erwachsener theoretisch, um einen Einmannballon aufzublasen?

In einer Minute: 100 Liter   In einer Stunde: _____ Liter

An einem Tag: _____ Liter = _____ m³

Er bräuchte ungefähr _____ Tage für den Einmannballon.

b) Schätze das Volumen des abgebildeten Ballons. _____ m³

1 Miss die bezeichneten Winkel und fülle die Lücken aus.

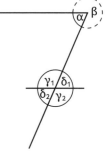

α = _____ ; β = _____ ; γ_1 = _____ ; γ_2 = _____ ; δ_1 = _____ ; δ_2 = _____

Die Winkel α und β ergänzen sich zu _____°. Die Winkel γ_1 und δ_1 ergänzen

sich zu _____°, einem sogenannten _____ Winkel.

α und _____ sind ein Paar von Stufenwinkeln, α und _____ bilden Wechselwin-

kel, γ_1 und γ_2 sind _____, wie auch _____ und _____.

Stufen- und Wechselwinkel an _____ Geraden sind gleich groß.

2 Setze das Muster um drei weitere Zeichen fort.

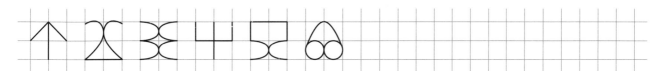

3 Zeichne in die Symbole (es sind griechische Buchstaben) sämtliche Symmetrieachsen farbig ein.

    Ω

ΑΒΓΔΕΖΗΘ
αβγδεζηϑ
ΙΚΛΜΝ ΟΠ
ικλμνξοπ
ΡΣΤΥΦΧΨΩ
ρστυφχψω

4 Welche der Symbole aus Aufgabe 3 haben auch ein Symmetriezentrum? Zeichne diese noch einmal rechts ab und markiere das Symmetriezentrum farbig.

5 Zeichne die folgenden Streckenzüge in das Koordinatensystem.
a) (1|2) → (1|3,5) → (2|3,5) → (2,5|2,5) → (2,5|2)
b) (4|2) → (3|2) → (3|0,5) → (4,5|0,5)
c) (5|0,5) → (5|2)
d) (5,5|2) → (5,5|2,5) → (6|3,5) → (7|3,5)
e) (7,5|0,5) → (7,5|2) → (9|2) → (9|0,5).
Spiegele nun alle Streckenzüge an der Geraden durch die Punkte (0,5|2) und (9,5|2) und du erhältst ein Lösungswort.

6 a) Für welches Punktepaar ist Z nicht das Symmetriezentrum? _____

b) Ergänze das Bild rechts so, dass Z Symmetriezentrum ist.

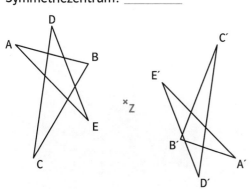

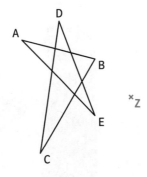

1 Berechne im Kopf.

a) $\frac{1}{3} + \frac{1}{6} =$ _____

b) $\frac{7}{8} - \frac{1}{4} =$ _____

c) $1\frac{1}{2} + 2\frac{2}{5} =$ _____

d) $4 - \frac{3}{7} =$ _____

e) $\frac{1}{3} \cdot \frac{1}{6} =$ _____

f) $\frac{7}{8} : \frac{1}{4} =$ _____

g) $1\frac{1}{2} \cdot 2\frac{2}{5} =$ _____

h) $4 : \frac{3}{7} =$ _____

2 Wandle die Brüche in Dezimalbrüche um. Erweitere und kürze, wenn dies nötig ist.

a) $\frac{3}{4} =$ _____

b) $\frac{3}{5} =$ _____

c) $\frac{3}{6} =$ _____

d) $\frac{5}{20} =$ _____

e) $\frac{4}{25} =$ _____

f) $\frac{3}{24} =$ _____

g) $\frac{12}{15} =$ _____

h) $\frac{56}{80} =$ _____

i) $\frac{77}{140} =$ _____

j) $\frac{12}{75} =$ _____

3 Schreibe einen Rechenausdruck auf und berechne ihn.

a) Zwei Drittel der Kinder einer Klasse haben blaue Augen, ein Viertel der Kinder hat braune Augen. Welcher Bruchteil der Kinder der Klasse hat blaue oder braune Augen?	
b) Alle anderen haben grüne Augen. Wie groß ist ihr Anteil?	
c) 80% der Kinder mit braunen Augen haben schwarze oder braune Haare. Wie groß ist der Anteil dieser Kinder in der ganzen Klasse?	

4 Berechne schrittweise.

a) $\frac{2}{7} \cdot \frac{14}{3} - \frac{4}{15} : \frac{4}{5} =$ _____

b) $\frac{3}{5} \cdot \left(\frac{6}{11} - \frac{13}{44} \right) \cdot \frac{2}{3} =$ _____

c) $\frac{1}{4} + \frac{3}{8} \cdot \frac{4}{6} + \frac{5}{9} \cdot \frac{21}{20} \cdot \frac{2}{7} =$ _____

5 Rechne vorteilhaft.

a) $3\frac{1}{4} \cdot \frac{5}{13} + 3\frac{1}{4} \cdot \frac{8}{13} =$ _____

b) $\frac{3}{5} \cdot 2\frac{5}{8} \cdot \frac{4}{7} =$ _____

c) $\frac{5}{9} \cdot \left(\frac{18}{4} - \frac{6}{5} \right) =$ _____

6 Schätze den Anteil

a) der schwarzen Reiskörner.

b) der schwarzen Fläche.

c) des dunklen Fells.

 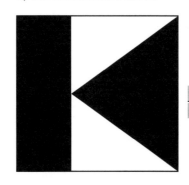 

1 Fülle die Lücken aus. Rechne im Kopf.

a) 1,3 + 12,4 = _____   b) 7,44 − 3,4 = _____   c) 3,97 − 2,68 = _____   d) 1,05 − 0,66 = _____

e) 3 − _____ = 1,25   f) _____ − 3,6 = 6,3   g) _____ − 44,6 = 100   h) 0,5 − _____ = 0,05

2 Rechne weiterhin im Kopf.

a) 0,5 · 2,5 = _____   b) 0,125 · 80 = _____   c) 1,2 · 0,3 = _____   d) 0,2 · 0,4 = _____

e) 16,8 : 4 = _____   f) 27,9 : 0,3 = _____   g) 125,75 : 0,25 = _____   h) 1824,3 : 6 = _____

3 Rechne schriftlich (denke an die Kommaverschiebung zu Anfang).

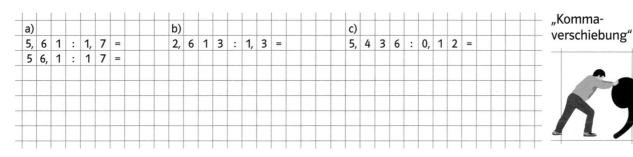

a)
5, 6 1 : 1, 7 =
5 6, 1 : 1 7 =

b)
2, 6 1 3 : 1, 3 =

c)
5, 4 3 6 : 0, 1 2 =

„Komma-verschiebung"

4 Schöne Ergebnisse.

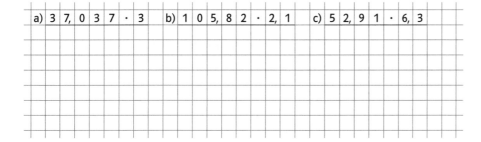

a) 3 7, 0 3 7 · 3   b) 1 0 5, 8 2 · 2, 1   c) 5 2, 9 1 · 6, 3

Tipp:
Ein Überschlag hilft dir zu kontrollieren, ob dein Ergebnis richtig sein kann.

5 Rechne vorteilhaft.

a) 0,12 + 0,3 + 0,82 + 0,7 = _____   b) 2,65 − 1,73 − 0,15 + 0,23 = _____

c) 3 · 0,48 + 3 · 0,12 = _____   d) 0,24 · 0,4 − 0,14 · 0,4 = _____

e) 0,3 · 0,125 · 0,8 · 30 = _____   f) 5,79 − 1,11 − 1,08 − 0,6 = _____

6 Berechne und gib das Ergebnis sowohl als Bruch als auch als Dezimalbruch an.

a) $\left(\frac{1}{4} + 0,5\right) \cdot \left(0,3 - \frac{1}{5}\right) =$ _____

b) $\frac{1}{8} \cdot 0,25 \cdot 1,6 \cdot 4 =$ _____

c) $\frac{2}{3} + \frac{1}{6} + \frac{1}{9} + \frac{1}{18} =$ _____

d) $\frac{1}{5} + 0,12 \cdot \frac{5}{3} + 0,6 =$ _____

1 Vervollständige die Tabelle.

	a)	b)	c)	d)	e)	f)	g)	h)
Gekürzter Bruch	$\frac{1}{4}$					$2\frac{1}{2}$	$\frac{1}{50}$	
Dezimalbruch		0,4			1,2			0,001
Prozentschreibweise			15 %	45 %				

2 Die folgenden Prozentangaben solltest du auswendig können:

a) $\frac{1}{2}$ = _____ %   b) $\frac{1}{3}$ = _____ %   c) $\frac{1}{5}$ = _____ %   d) $\frac{1}{8}$ = _____ %

e) $\frac{3}{4}$ = _____ %   f) $\frac{1}{10}$ = _____ %   g) $\frac{1}{100}$ = _____ %   h) $\frac{3}{1}$ = _____ %

> % (Prozent) =
> pro centum =
> von hundert

> Prozentwert = Grundwert · Prozentsatz   kurz: $W = G \cdot p\%$

3 Berechne den Prozentwert
für die folgenden Beispiele.

a) 5 % von 120 g: _____   b) 10 % von 25 cm: _____   c) 20 % von 14 €: _____   d) 60 % von 2 kg: _____

e) 1 % von 100 ct: _____   f) 13 % von 600 m: _____   g) 75 % von 96 km: _____   h) 0,1 % von 5 m²: _____

4 Berechne den Prozentsatz.

a) 12 von 30 Schülern sind Mädchen: _____ %

b) 31 von 50 Haushalten in Deutschland hatten 2005

einen Internet-Anschluss: _____ %

c) 7 von 25 Mädchen eines Jahrgangs machen

Abitur (Stand 2006): _____ %. Bei den Jungen

sind es nur 7 von 35: _____ %

d) Die Formel zur Berechnung des Prozentsatzes ist:

$p\% = \dfrac{}{}$ $p = \dfrac{}{}$

5 Berechne den Grundwert.

a) 20 % der Schüler fehlen wegen Erkrankungen, das
sind 6 Schüler. In der Klasse sind _____ Schüler.

b) Der Pullover wurde um 10 % reduziert, er ist jetzt

3,90 € billiger, hat also vorher _____ € gekostet.

c) Die Formel zur Berechnung des Grundwertes ist:

$G = \dfrac{}{}$

6 Paul eröffnet am 1. Januar ein Sparbuch und zahlt 100 € ein, die ihm sein Onkel zu Weihnachten
geschenkt hat. Für die nächsten vier Jahre garantiert die Bank einen Zinssatz von 3 %.
Berechne, wie sich sein Guthaben entwickeln wird.

Jahr	0	1	2	3	4
Guthaben	100 €				

7 Eine Kinovorstellung in der Schauburg kostet am Dienstag 4 €.

Den gleichen Film gibt es im Cinema für 5 €. Das sind _____ % mehr.

In der Schauburg muss man _____ % weniger bezahlen.

Negative Zahlen (1)

1 Beschrifte die markierten Stellen mit gekürzten Brüchen.

a)

$-2 \qquad -1 \qquad 0 \qquad 1 \qquad 2$

b)

$0 \qquad 1$

2 Schreibe die Brüche als Dezimalbrüche.

a) $-\frac{3}{10} =$ _____

b) $\frac{4}{5} =$ _____

c) $\frac{1}{2} =$ _____

d) $-\frac{1}{4} =$ _____

e) $-\frac{3}{2} =$ _____

f) $\frac{3}{4} =$ _____

3 Schreibe als vollständig gekürzte Brüche.

a) $-1{,}2 = -\frac{12}{10} = -\frac{6}{5}$

b) $0{,}4 = \underline{\quad} = \underline{\quad}$

c) $1{,}8 = \underline{\quad} = \underline{\quad}$

d) $-0{,}5 = \underline{\quad} = \underline{\quad}$

e) $0{,}15 = \underline{\quad} = \underline{\quad}$

f) $2{,}2 = \underline{\quad} = \underline{\quad}$

4 Schreibe für jede Zahl den Buchstaben an die zugehörige Stelle an die Zahlengerade. Es ergibt sich ein Lösungswort zum Thema Antarktis.

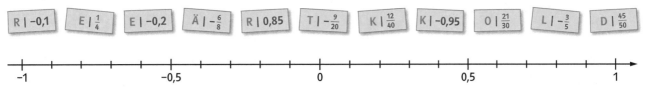

R | $-0{,}1$ E | $\frac{1}{4}$ E | $-0{,}2$ Ä | $-\frac{6}{8}$ R | $0{,}85$ T | $-\frac{9}{20}$ K | $\frac{12}{40}$ K | $-0{,}95$ O | $\frac{21}{30}$ L | $-\frac{3}{5}$ D | $\frac{45}{50}$

$-1 \qquad -0{,}5 \qquad 0 \qquad 0{,}5 \qquad 1$

5 Schreibe die fehlenden Zahlen an die Zahlengeraden.

a)
$-7 \qquad\qquad 5$

b)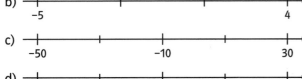
$-5 \qquad\qquad 4$

c)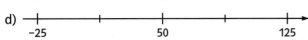
$-50 \qquad -10 \qquad 30$

d)
$-25 \qquad 50 \qquad 125$

6 Welche Zahl liegt in der Mitte? Schreibe als gekürzten Bruch.

a)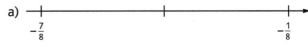
$-\frac{7}{8} \qquad\qquad -\frac{1}{8}$

b)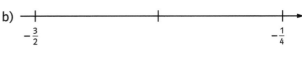
$-\frac{3}{2} \qquad\qquad -\frac{1}{4}$

c)
$-\frac{1}{3} \qquad\qquad \frac{1}{6}$

7 Zeichne eine Zahlengerade mit geeigneter Einteilung, sodass du folgende Zahlen gut eintragen kannst. (Der vorgezeichnete Zahlenstrahl ist 40 Kästchen lang.)

a) -8 18 -1 7 27 -9 16 1 11

b) $-1{,}5$ $0{,}8$ $-1{,}9$ $1{,}2$ $-0{,}7$ $1{,}8$

c) $-5{,}5$ $1{,}0$ $-2{,}5$ $1{,}5$ $-0{,}5$ $0{,}5$

d) $0{,}55$ $-0{,}85$ $0{,}1$ $-0{,}3$ $-0{,}45$ $0{,}25$

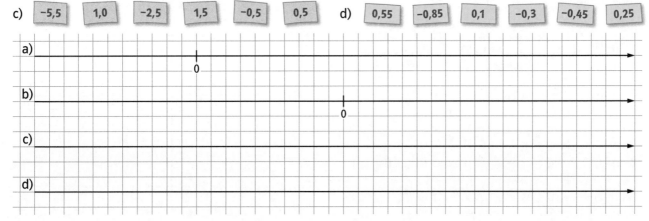

a)   0

b)   0

c)

d)

Negative Zahlen (2)

1 Lies in der Figur die Koordinaten der Punkte ab.

A (▨ | ▨)   B (▨ | ▨)   C (▨ | ▨)

D (▨ | ▨)   E (▨ | ▨)   F (▨ | ▨)

G (▨ | ▨)   H (▨ | ▨)   I (▨ | ▨)

J (▨ | ▨)   K (▨ | ▨)   L (▨ | ▨)

M (▨ | ▨)   N (▨ | ▨)

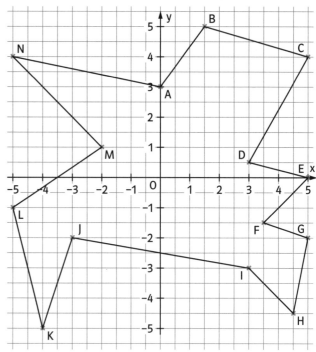

2 Zeichne in das Koordinatensystem aus Aufgabe 1 zusätzlich folgende Punkte ein und verbinde sie jeweils zu einem Dreieck.

a) O (−2,5|2);   P (−0,5|2,5);   Q (−2,5|3)
b) R (1,5|2,5);   S (3,5|3);   T (2|3,5)
c) U (−1|0);   V (1|0);   W (0|2)
d) X (−1|−1);   Y (1,5|−2);   Z (2,5|−1,5)

3 Verbinde die Punkte in der vorgegebenen Reihenfolge. Wie geht es weiter?

A (−1,5|0,5)→ B (−0,5|0,5)→ C (−0,5|−0,5)→ D (0,5|−0,5)→

E (0,5|−1,5) →

F (−0,5|−1,5) →

G (−0,5|−2,5) →

H (▨ | ▨) →

I (▨ | ▨) →

J (▨ | ▨) →

K (▨ | ▨) →

L (▨ | ▨) → A

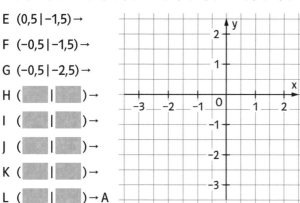

4 Wie geht das Muster weiter?

A (0|0)→ B (0,5|0,5)→ C (0|1)→ D (−1|0)→ E (0|−1)→
F (1,5|0,5)→

G (0|2)→

H (−2|0)→

I (0|−2)→

J (2,5|0,5)→

K (▨ | ▨)→

L (▨ | ▨)→

M (▨ | ▨)→

N (▨ | ▨)

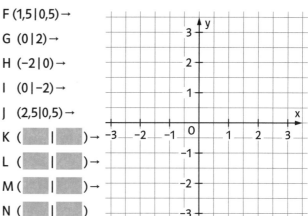

5 Ermittle die Bildpunkte bei folgenden Abbildungen.

Ausgangspunkt	Ausgangspunkt an der x-Achse gespiegelt	Bildpunkt an der y-Achse gespiegelt
A (1|−1)	A' (1|1)	A" (▨ | ▨)
B (−1|1,5)	B' (▨ | ▨)	B" (▨ | ▨)
C (0|−3)	C' (▨ | ▨)	C" (▨ | ▨)
D (2|−2)	D' (▨ | ▨)	D" (▨ | ▨)

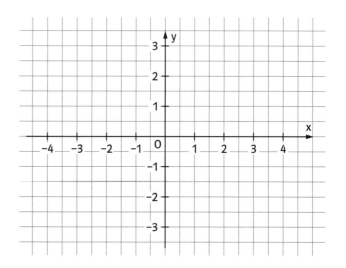

Anordnung und Betrag

1 Setze das richtige Zeichen ein (<, > oder =).

a) −27 ▩ −31   b) −2,7 ▩ 3,1   c) 12 ▩ −11   d) −0,6 ▩ +0,2

e) 3 ▩ −3,2   f) −2,5 ▩ −2   g) $\frac{1}{2}$ ▩ 0,5   h) $−\frac{3}{4}$ ▩ $−\frac{4}{3}$

i) −2,23 ▩ −2,22   j) 1,02 ▩ −1,2   k) −5,08 ▩ −5,87   l) 0 ▩ −2,5

2 Ordne die Zahlen der Größe nach, beginne mit der kleinsten. Verbinde anschließend wie im Beispiel das orange Kästchen mit der entsprechenden Stelle auf der Zahlengeraden.

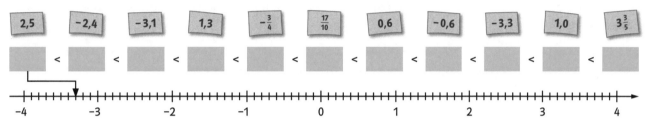

3 Hier stimmt was nicht! Korrigiere die Fehler, indem du entweder ein Minuszeichen einfügst oder ein Minuszeichen in ein Pluszeichen umwandelst.

a) −5 > 6   b) 5 > 6   c) −2 > 1   d) 3 < 2   e) −3 < −4   f) 0 < −1

g) 7 < 6   h) 6 < 5   i) 3 < −2   j) −5 > −4   k) 2 > 6   l) 0 > 2

4 Die größte negative dreistellige ganze Zahl lautet _____, die kleinste negative zweistellige ganze Zahl

lautet _____ und deren Vorgänger ist _____. Der Nachfolger der größten negativen ganzen Zahl ist _____.

5 Trage auf der Zahlengeraden die folgenden Zahlen und ihre Gegenzahlen ein: 0,5; −0,8; 1,2; −1,5; 1,9. Markiere dabei Zahl und Gegenzahl mit der gleichen Farbe.

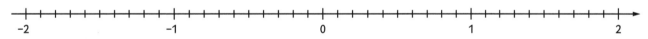

6 Ergänze die Tabelle.

Zahl	7		−0,5	
Gegenzahl		−5		
Betrag				1,9

7 Welchen Abstand haben Zahl und Gegenzahl auf der Zahlengeraden?

a) Zahl: 5,5; Gegenzahl: _____; Abstand: _____

b) Zahl: $\frac{7}{4}$; Gegenzahl: _____; Abstand: _____

8 a) Markiere auf der Zahlengeraden den Bereich rot, für den der Betrag der Zahlen kleiner als 1,5 ist.

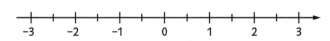

b) Kreuze an: alle ganzen Zahlen, deren Betrag größer als 1,9 ist.

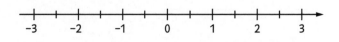

9 Schreibe wie im Beispiel.

Aufgabenteil _____ hat keine Lösung, Aufgabenteil

_____ hat zwei Lösungen: _____ und _____.

a) |−5,7| = 5,7_____   b) |−2,9| = _____

c) |1,5| = _____   d) |−101| = _____

e) |_____| = 0,25   f) |_____| = −2

g) |−0,01| = _____   h) |$\frac{1}{7}$| = _____

Addieren rationaler Zahlen

1 Löse die folgenden Aufgaben und veranschauliche die Rechnungen an der Zahlengeraden durch Pfeile.

a) $(+5) + (-7) =$ _____   b) $(-2) + (+6) =$ _____   c) $(-5) + (+4) =$ _____   d) $0 + (-3) =$ _____

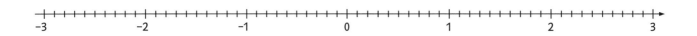

2 Löse wie bei Aufgabe 1. Veranschauliche alle Rechnungen in unterschiedlichen Farben an der Zahlengeraden.

a) $-2,7 + 0,4 =$ _____   b) $2,2 + (-1,2) =$ _____   c) $0,2 + (-1,2) =$ _____   d) $-1,3 + (-0,9) =$ _____

e) $-0,8 + (-0,5) =$ _____   f) $-0,3 + 1,1 =$ _____   g) $2,9 + (-1,9) =$ _____   h) $-3 + 0,7 =$ _____

3 Schreibe das Ergebnis als vollständig gekürzten Bruch.

a) $-\frac{3}{4} + \left(-\frac{5}{4}\right) =$ _____   b) $-\frac{3}{8} + \frac{7}{8} =$ _____   c) $\frac{1}{6} + \left(-\frac{5}{6}\right) =$ _____

d) $-\frac{8}{5} + \frac{18}{5} =$ _____   e) $-\frac{1}{3} + \left(-\frac{1}{6}\right) =$ _____   f) $\frac{3}{11} + \left(-\frac{7}{22}\right) =$ _____

4 Fülle die Lücken aus.

a) $0,5 +$ _____ $= -0,5$ b) $-0,4 +$ _____ $= 1$

c) _____ $+ 0,3 = -0,4$ d) _____ $+ 0,8 = -0,6$

e) $-2,1 +$ _____ $= -1,1$ f) $-1,9 +$ _____ $= -1,2$

      0,7   1   1,4

5 Berechne.

+	17	-43	19	-494
-22				
-46				
100				
-378				

6 Berechne von links nach rechts und bei c) die Klammern zuerst.
Kreuze an, welche Rechnung für dich am angenehmsten war.

a) $(-97) + 31 + (-3) = (-66) + (-3) =$ _____ ☐   b) $(-17) + (-45) + (-33) =$ _____ ☐

$(-97) + (-3) + 31 =$ _____ ☐ $(-33) + (-45) + (-17) =$ _____ ☐

$31 + (-3) + (-97) =$ _____ ☐ $(-17) + (-33) + (-45) =$ _____ ☐

c) $((-39) + (+14)) + ((-11) + (+16)) =$ _____ ☐

$((-39) + (-11)) + ((+14) + (+16)) =$ _____ ☐

$((-39) + (+16)) + ((+14) + (-11)) =$ _____ ☐

Subtrahieren rationaler Zahlen

1 Berechne im Kopf.

a) $0{,}7 - (-0{,}4) = $ ▢

b) $-0{,}2 - (+0{,}1) = $ ▢

c) $0{,}3 - 0{,}8 = $ ▢

d) $-\frac{7}{8} - \left(-\frac{3}{8}\right) = $ ▢

e) $-1{,}2 - $ ▢ $ = -1{,}7$

f) ▢ $ - (-1{,}5) = -1$

g) ▢ $ - 0{,}5 = -0{,}4$

h) $\frac{1}{8} - \frac{3}{4} = $ ▢

2 Fülle die Tabelle aus.

▢ − ▢	−0,1	0,2	−1,2
+1,6	1,7		
−3,4			
−1,7			
+0,01			

3 Berechne im Kopf. Bei einigen Aufgaben musst du Klammern setzen.

a) $0{,}7 + (-0{,}4) = $ ▢

b) $-0{,}2 - \left(-\frac{1}{10}\right) = $ ▢

c) $0{,}3 - (-0{,}8) = $ ▢

d) $-\frac{3}{4} + \left(-\frac{3}{4}\right) = $ ▢

e) $\dfrac{▢}{▢} + \frac{3}{9} = -\frac{2}{9}$

f) $\dfrac{▢}{▢} - \left(-\frac{1}{7}\right) = \frac{5}{7}$

g) $4{,}5 + $ ▢ $ = \frac{7}{2}$

h) $-\frac{6}{4} - \dfrac{▢}{▢} = \frac{1}{4}$

4 Berechne schrittweise.

a) $\frac{5}{2} + (-6) = \underline{2{,}5 - 6 = -3{,}5}$

b) $5\frac{2}{5} - (-9{,}6) = $ _____

c) $-17{,}8 - \left(-4\frac{1}{4}\right) = $ _____

d) $-86{,}7 + \left(-\frac{13}{5}\right) = $ _____

e) $-\frac{1}{5} + \left(-\frac{1}{7}\right) = \underline{-\frac{7}{35} - \frac{5}{35} = -\frac{12}{35}}$

f) $-\frac{7}{2} - \left(-\frac{3}{4}\right) = $ _____

g) $\frac{3}{7} + \left(-\frac{4}{3}\right) = $ _____

h) $\frac{5}{9} - \left(-\frac{2}{3}\right) = $ _____

5 Berechne.

a) $45 - (13 - 21) = 45 - $ ▢ $ = $ ▢

b) $(-24 + 17) - 7 = $ ▢ $ - 7 = $ ▢

c) $-7 + (18 + 12) = -7 + $ ▢ $ = $ ▢

d) $(15 - 31) + (-4) = $ ▢ $ - $ ▢ $ = $ ▢

e) $87 - (97 - 103) = 87 - $ ▢ $ = $ ▢

f) $(68 - 124) - (-44) = $ ▢ $ + $ ▢ $ = $ ▢

 Klammern zuerst!

Lösungswort: ___ ___ ___ ___ ___

L | −20   A | 32   I | 93   N | −12   B | 53   Y | 12   E | −14   R | 23

6 Finde die Fehler und korrigiere sie, indem du aus einem Minuszeichen ein Pluszeichen machst. Vorsicht: Einmal wurde richtig gerechnet!

a) $-5 + 12 - 21 = -4$

b) $(5 - 12) - 21 = 14$

c) $6 - (56 - 4) = -54$

d) $(15 - 35) - (-5 - 25) = -10$

e) $(-9 - 27) - (-18 - 9) = -27$

f) $(-12 + 5) - (56 - 45) = 6$

g) $-7 - 28 - (14 - 49) = 0$

h) $(2 - 4) + (8 - 16) = -2$

i) $-35 - 7 - (17 - 5) = 16$

j) $(8 - 13) - 3 - 5 = -7$

Multiplizieren rationaler Zahlen

4900 °

1 Rechne im Kopf.

a) 2 · (−3) = −6   b) −2 · 3 = −6   c) (−2) · (−3) = +6   d) (−2) · (+3)= −6

e) 5 · (−13) = −65   f) (−7) · 12 = −84   g) (−6) · (−15) = +90   h) (−19) · (+19) = −361

2 Berechne schrittweise.

1 · (−2) = −2

1 · (−2) · 3 = −6

1 · (−2) · 3 · (−4) = +24

1 · (−2) · 3 · (−4) · 5 = +120

1 · (−2) · 3 · (−4) · 5 · (−6) = −720

1 · (−2) · 3 · (−4) · 5 · (−6) · 7 = −5040

1 · (−2) · 3 · (−4) · 5 · (−6) · 7 · (−8)= +40320

3 Ergänze die Multiplikationsmauern.

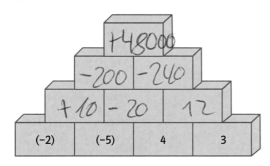

+48000

−200 −240

+10 −20 12

(−2)   (−5)   4   3

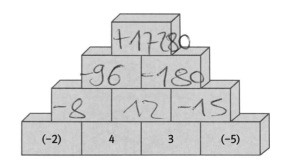

+17280

−96 −180

−8 12 −15

(−2)   4   3   (−5)

4 Berechne im Heft, kürze vor dem Multiplizieren.

a) $\frac{1}{4} \cdot \left(-\frac{2}{5}\right) \cdot \left(\frac{5}{3}\right) = -\frac{10}{60}$

b) $\left(-\frac{3}{4}\right) \cdot \left(-\frac{2}{5}\right) \cdot \left(-\frac{10}{3}\right) = -\frac{60}{60} = -1$

c) $\overset{3}{3} \cdot \left(-\frac{1}{6}\right) \cdot \left(-\frac{7}{2}\right) = +\frac{21}{12}$

d) $\left(-\frac{1}{2}\right) \cdot \left(-\frac{1}{3}\right) \cdot \left(-\frac{1}{4}\right) = -\frac{1}{24}$

e) $-\frac{5}{6} \cdot \frac{2}{15} \cdot \left(-\frac{1}{3}\right) = +\frac{10}{270}$

f) $\frac{2}{3} \cdot \frac{4}{5} \cdot \left(-\frac{6}{7}\right) = -\frac{46}{105}$

5 Fülle die Lücken aus.

a) ▭ · 5 = −12,5   b) 6 · ▭ = −2,16   c) −2,6 · ▭ = 104   d) ▭ · 7 = −1,19

e) ▭ · (−1,3) = −1,69   f) ▭ · 37 = −222   g) 0,2 · ▭ = −5,12   h) −21 · (−21) = ▭

6 Überschlage und verbinde dann mit dem richtigen Ergebnis.

25,126 · (−0,9)	123,9708
−25,23 · (−0,8)	−22,6134
−52,35 · 3,2	20,184
52,53 · 2,36	451
49,2 · (−0,6)	−167,52
(−41) · (−11)	−29,52

7 Berechne.

a) $\frac{1}{2} \cdot \left(-\frac{1}{2}\right) = \frac{▭}{▭}$

b) $\frac{1}{2} \cdot \left(-\frac{1}{2}\right) \cdot \left(-\frac{1}{2}\right) = \frac{▭}{▭}$

c) $\frac{1}{2} \cdot \left(-\frac{1}{2}\right) \cdot \left(-\frac{1}{2}\right) \cdot \frac{1}{2} = \frac{▭}{▭}$

d) $\frac{1}{2} \cdot \left(-\frac{1}{2}\right) \cdot \left(-\frac{1}{2}\right) \cdot \left(-\frac{1}{2}\right) \cdot \left(-\frac{1}{2}\right) = \frac{▭}{▭}$

Dividieren rationaler Zahlen

1 Berechne im Kopf.

a) 240 : (−60) = [____]

b) −135 : 15 = [____]

c) −133 : (−19) = [____]

d) 176 : (−22) = [____]

e) 144 : (−36) = [____]

f) (−180) : 15 = [____]

g) (−738) : (−6) = [____]

h) 1332 : (−333) = [____]

i) 10100 : (−5) = [____]

2 Fülle die Lücken aus.

a) (−4) · [____] = (−24)

b) (+4) · [____] = −92

c) 63 = (−9) · [____]

d) [____] · (−18) = 126

e) [____] · (−24) = 576

f) 19 · [____] = (−399)

3 Finde den Weg durch das Zahlenlabyrinth. Das Ergebnis jeder Aufgabe zeigt dir den Anfang der nächsten Aufgabe. Beginne links oben. Du musst jede Aufgabe rechnen und bei der Zahl 100 ankommen.

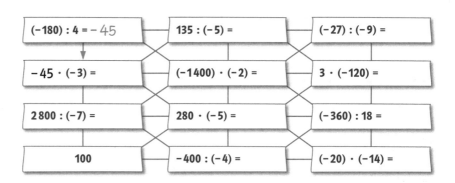

(−180) : 4 = −45	135 : (−5) =	(−27) : (−9) =
−45 · (−3) =	(−1400) · (−2) =	3 · (−120) =
2800 : (−7) =	280 · (−5) =	(−360) : 18 =
100	−400 : (−4) =	(−20) · (−14) =

4 Bequeme Divisionen. Vorsicht: Eine Aufgabe kann nicht berechnet werden, streiche diese durch. In die richtige Reihenfolge gebracht, ergibt sich ein Lösungssatz.

a) (−7) : (−7) = [____]

b) (−6) : 1 = [____]

c) (−5) : (−1) = [____]

d) (−4) : 0 = [____]

e) 0 : (−3) = [____]

f) 1 : (−1) = [____]

g) 2 : (−1) = [____]

h) (−2) : (−1) = [____]

 nicht | −1   mit | −4   durch | 1   dieren | 2   ad- | 6

man | 0   divi- | −2   soll | 7   Null | −6   muss | 4   kann | −7   darf | 5

Lösungssatz: _____

5 a) Dividiere die Zahl −13,6 durch 8: _____

b) Bilde den Quotienten aus den Zahlen −2,25 und −2,5: _____

c) Mit welcher Zahl muss man 37 multiplizieren, um −259 zu erhalten? _____

d) Welche Zahl muss man durch −23 dividieren, um 0,5 zu erhalten? _____

6 Führe folgende Divisionen aus, achte auf den Merksatz.

a) $\frac{1}{2} : \left(-\frac{1}{4}\right) =$ _____

b) $-\frac{5}{12} : \left(-\frac{15}{6}\right) =$ _____

c) $-\frac{36}{25} : \frac{24}{20} =$ _____

d) $3 : \left(-\frac{1}{3}\right) =$ _____

> Man dividiert durch einen Bruch, indem man mit dem _____ multipliziert.

Verbindung der Rechenarten

1 Man kann Rechenvorteile nutzen, indem man die Reihenfolge der Zahlen vertauscht. Dabei musst du aber die ganze Aufgabe als reine Additionsaufgabe lesen, denn nur dann kann man die Reihenfolge der Summanden vertauschen.

Beispiel: 27 − 5 + 13 = 27 + (−5) + 13 = 27 + 13 + (−5) = 40 + (−5) = 40 − 5 = 35

Die Zwischenschritte sollst du dabei im Kopf machen. Versuche es gleich mal.

a) 12 − 8 + 18 =

b) 49 + 63 − 19 =

c) 125 − 25 + 75 =

d) 187 − 24 − 47 =

e) 12 − 55 + 13 − 26 =

f) −8 − 632 + 8 =

g) −5 − 33 − 15 =

h) 2 − 76 − 12 =

2 Fülle die Lücken aus.

a) 0,5 + 3 · _____ = 0,8

b) _____ + 2 · 0,4 = 1

c) 3 − _____ · 0,4 = 0,6

d) 2,7 : _____ − 0,4 = 0,5

e) 2 · (0,5 + _____) = 1,8

f) ____ · (1,8 − 0,7) = 5,5

g) 12 : (1,6 + _____) = 4

h) _____ : (2,8 − 1,3) = 2

3 Berechne schrittweise.

a) (12 − (−5)) · (30 − 5 · 7)

= _____

= _____

= _____

b) 25 − 3 · (14 − 6 · 3) : 2 + 11

= _____

= _____

= _____

c) (9 − 19) · (6 − 16) + 250 : (−5)

= _____

= _____

= _____

4 Berechne auf zwei Weisen wie im Beispiel.

a) 5 · 0,7 + 5 · 2,3 = 5 · (0,7 + 2,3) = 5 · 3 = 15

 5 · 0,7 + 5 · 2,3 = 3,5 + 11,5 = 15

b) 3 · 1,1 + 3 · 1,9 = _____

 3 · 1,1 + 3 · 1,9 = _____

c) 4,3 · 4 − 2,8 · 4 = _____

 4,3 · 4 − 2,8 · 4 = _____

d) 5 · 6,1 − 5 · 5,6 = _____

 5 · 6,1 − 5 · 5,6 = _____

5 Welchen Rechenvorteil würdest du aus dem Angebot wählen? Kannst du die Aufgaben dann im Kopf rechnen? Die Buchstaben in der Reihenfolge der Aufgaben ergeben ein Lösungswort.

a) 4 · (2,5 + 1,1) = _____

b) 12,25 + (−3,17) + (−2,83) = _____

c) 0,25 · 0,29 · 4 = _____

d) 80 · 1,5 · 0,125 = _____

e) 63,7 + (−12,8) + (−13,7) = _____

f) 2,33 · 7 + 2,33 · 3 = _____

g) 2,4 · 0,5 · 2 = _____

h) $\left(\frac{11}{3} - \frac{7}{6}\right) \cdot 6$ = _____

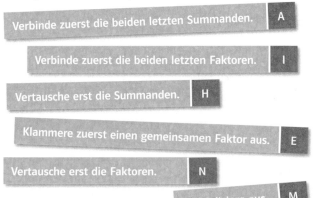

Verbinde zuerst die beiden letzten Summanden. **A**

Verbinde zuerst die beiden letzten Faktoren. **I**

Vertausche erst die Summanden. **H**

Klammere zuerst einen gemeinsamen Faktor aus. **E**

Vertausche erst die Faktoren. **N**

Multipliziere aus. **M**

Fülle die Lücken. Für jeden Buchstaben findest du einen Strich. Schlage in deinem Buch nach, wenn du dir nicht sicher bist. Löse dann die Beispielaufgaben.

■ Anordnung – Gegenzahl – Betrag

Je weiter _ _ _ _ _ _ eine Zahl auf der Zahlengeraden liegt, desto größer ist die Zahl. Die Gegenzahl zu einer Zahl liegt spiegelbildlich

zur Null. Den Abstand einer Zahl zur Null nennt man _ _ _ _ _ _.

$$-3 \quad -2 \quad -1 \quad 0 \quad 1 \quad 2 \quad 3$$

$$|-3| = 3 \qquad |3| = 3$$

3 ist Gegenzahl zu −3
−3 ist Gegenzahl zu 3

■ Addieren zweier rationaler Zahlen

• Gleiche Vorzeichen: Die _ _ _ _ _ _ _ _ der Zahlen werden addiert,

das Ergebnis erhält das gemeinsame _ _ _ _ _ _ _ _ _ _.

• Verschiedene Vorzeichen: Der kleinere Betrag wird vom größeren

Betrag _ _ _ _ _ _ _ _ _ _ _ _. Das Ergebnis bekommt das Vorzeichen

derjenigen Zahl, die den _ _ _ _ _ _ _ _ Betrag hat.

■ $(+4) + (+5) =$ _____

■ $(-4) + (-5) =$ _____

■ $(-4) + (+5) =$ _____

■ $(+4) + (-5) =$ _____

■ Subtrahieren zweier rationaler Zahlen

Eine rationale Zahl wird subtrahiert, indem man die

_ _ _ _ _ _ _ _ _ addiert.

■ $(-4) - (+5) = (-4) +$ ____

$=$ _____

■ $(+4) - (-5) = (+4) +$ ____

$=$ _____

■ Multiplizieren und Dividieren zweier rationaler Zahlen

Bei _ _ _ _ _ _ _ _ Vorzeichen ist das Produkt bzw. der Quotient positiv.

Bei unterschiedlichen Vorzeichen ist das Produkt bzw.

der Quotient _ _ _ _ _ _ _ _.

■ $72 : 8 =$ _____

■ $(-72) : 8 =$ _____

■ $4 \cdot (-2) =$ _____

■ $(-4) \cdot (-2) =$ _____

■ Rechengesetze

Auch bei rationalen Zahlen gelten die Rechengesetze.

_ _ _ _ _ _ _ _ _ _ gesetz (KG): $a + b = b + a$ bzw. $a \cdot b = b \cdot a$

_ _ _ _ _ _ _ _ _ _ gesetz (AG): $a + (b + c) = (a + b) + c = a + b + c$

bzw. $a \cdot (b \cdot c) = (a \cdot b) \cdot c = a \cdot b \cdot c$

Distributivgesetz (DG) – ausmultiplizieren: $a \cdot (b + c) = a \cdot b + a \cdot c$

Distributivgesetz (DG) – aus _ _ _ _ _ _ _ _ _: $a \cdot b + \_ \cdot \_ = \_ \cdot (\_ + \_)$

■ $0{,}5 \cdot (-5) =$ ____ $\cdot$ ____

■ $(-5) + 0{,}5 =$ ____ $+$ ____

■ $1 + (2 + 3) =$ ___ $+$ ___ $+$ ___

■ $(2 \cdot 3) \cdot 4 = 2 \cdot$ ___ $\cdot$ ___

■ $3 \cdot (4 + 5) = 3 \cdot$ ___ $+ 3 \cdot$ ___

■ $0{,}5 \cdot 5 - 0{,}5 \cdot 3 = 0{,}5 \cdot (\_ - \_)$

■ Zahlbereiche

Rationale Zahlen $\mathbb{Q}$
Ganze Zahlen $\mathbb{Z}$
Natürliche Zahlen $\mathbb{N}$

■ Ordne zu:

$\mathbb{Z}$

$\mathbb{N}$

$\mathbb{Q}$

$-7; \ -1{,}4; \ \frac{22}{34}; \ \cdots$

$0; \ 2; \ 5; \ 234; \ \cdots$

$-45; \ -22; \ 0; \ 56; \ \cdots$

Die Kongruenzsätze wsw, sws und sss

1 Markiere in der Skizze die gegebenen Stücke farbig und gib an, nach welchem Kongruenzsatz (sss, wsw oder sws) das Dreieck eindeutig konstruierbar ist.

a) a = 2,5 cm,
b = 4,5 cm,
γ = 100°

b) c = 5 m
α = 66°
β = 33°

c) a = 3 mm
b = 5 cm
c = 49 mm

d) b = 6 cm
α = 37°
β = 53°

Kongruenzsatz: _____   Kongruenzsatz: _____   Kongruenzsatz: _____   Kongruenzsatz: _____

2 Setze die Konstruktion im Bild III fort und kreuze an, nach welchem Kongruenzsatz die Konstruktion eindeutig ist.

a) c = 3 cm
a = 3 cm
β = 40°

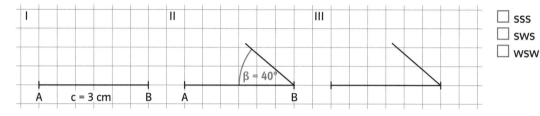

☐ sss
☐ sws
☐ wsw

b) c = 3 cm
β = 50°
γ = 90°

α = _____ °

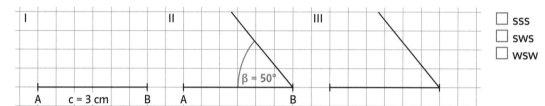

☐ sss
☐ sws
☐ wsw

c) a = 3 cm
b = 3 cm
c = 3 cm

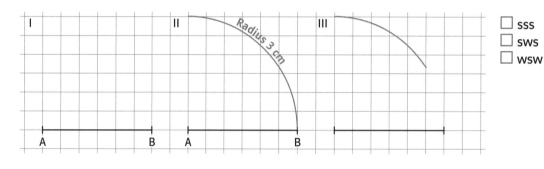

☐ sss
☐ sws
☐ wsw

3 Konstruiere das Dreieck ABC. Markiere zuerst die gegebenen Stücke in der Planfigur farbig und entscheide, nach welchem Kongruenzsatz die eindeutige Konstruktion möglich ist.

a) a = 3,2 cm, c = 5 cm, β = 80°
Planfigur:

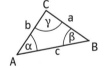

Kongruenzsatz: _____
Konstruktionszeichnung:

b) c = 35 mm, α = 30°, β = 118°
Planfigur:

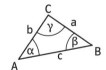

Kongruenzsatz: _____
Konstruktionszeichnung:

Gemessen: b = _____ mm

Gemessen: b = _____ mm   Zusammen: 113 mm

Die Dreiecksungleichung und der Kongruenzsatz sss

1 a) Ergänze die Konstruktion des Dreiecks DEF mit den Seitenlängen d = 3 cm, e = 4 cm, f = 6 cm.

b) Konstruiere in die vorhandene Zeichnung ein Dreieck DEF$_1$ mit denselben Seitenlängen e und f und d = 2,5 cm.

c) Wenn d nur _____ cm oder kürzer ist, lässt sich aus diesen Seitenlängen d, e und f kein Dreieck konstruieren.

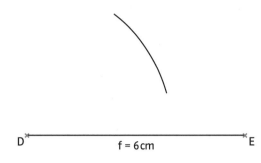

D ⟍⎯⎯⎯⎯⎯⎯⎯⎯⎯⎯⎯⎯⎯⎯⎯⎯⎯ E
  f = 6 cm

d) In jedem Dreieck gilt: eine Seitenlänge + andere Seitenlänge > dritte Seitenlänge.

Im Dreieck DEF bedeutet dies: d + e > _____ und d + _____ > _____ und e + _____ > _____ .

2 Ist aus den gegebenen Größen eindeutig ein Dreieck konstruierbar?
Falls ja, gib an, aus welchem Kongruenzsatz dies folgt.
Falls nein, begründe, warum keine eindeutige Konstruktion möglich ist.

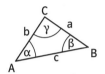

Größen	ja	Kongruenzsatz	nein	Begründung
a) c = 6,7 cm, α = 65°, β = 120°	○		○	
b) a = 35 mm, b = 5 cm, c = 2 cm	○		○	
c) a = 5,3 cm, b = 4,2 cm, γ = 67°	○		○	
d) a = 2 cm, b = 4 cm, c = 0,7 dm	○		○	
e) b = 4 cm, β = 52°, γ = 36°	○		○	

3 Führe die angefangene Konstruktion weiter aus. Markiere zunächst die gegebenen Stücke farbig.

a) Gleichschenkliges Dreieck mit der Basis c = 3 cm und Basiswinkel α = 45°

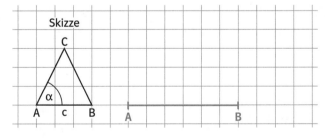

b) Gleichschenkliges Dreieck mit Schenkel a = 3 cm und Basiswinkel α = 55°

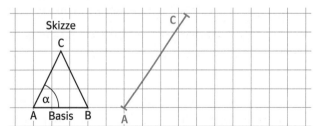

c) Gleichseitiges Dreieck mit b = 35 mm

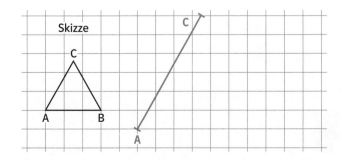

d) Rechtwinkliges Dreieck (α = 90°) mit b = 2,5 cm und c = 3,7 cm

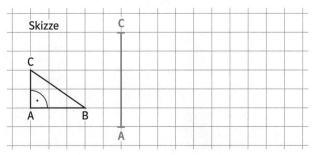

Der Kongruenzsatz Ssw

1 a) Gesucht ist ein Dreieck mit den Seitenlängen a = 3 cm, b = 4 cm und α = 45°. Beschrifte die Planfigur und konstruiere beide Lösungsdreiecke.

b) Konstruiere ein Dreieck mit den Seitenlängen a = 4 cm, b = 3 cm und α = 45°. Skizziere und beschrifte eine Planfigur.

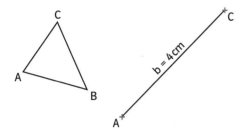

Ziehe die Seiten der beiden erhaltenen Dreiecke in zwei Farben nach.

Dies zeigt dir, dass ein Dreieck nur eindeutig konstruierbar ist, wenn der gegebene Winkel der

_____ Seite gegenüberliegt.

2 Ordne den Bildern den richtigen Kongruenzsatz zu (sss, sws, wsw, Ssw).

a)
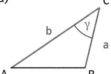
_____

b)
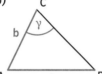
_____

c)

_____

d)
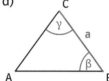
_____

3 Auch mithilfe der besonderen Linien können Dreiecke konstruiert werden. Gesucht wird ein Dreieck mit den Seitenlängen b = 3,5 cm, c = 4 cm und der Höhe h_b = 3 cm. Markiere zuerst die gegebenen Stücke in der Planfigur farbig.

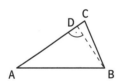

> Erinnerung:
> Die Höhe h_b steht senkrecht auf b und verläuft durch B.

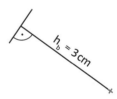

Das Teildreieck A ___ ___ lässt sich konstruieren (Kongruenzsatz _____).
Ergänze die Konstruktion des Teildreiecks. Verlängere die Strecke $\overline{AD}$ und trage

von A aus die Seitenlänge b ab, sodass du den Punkt ____ erhältst.
Ergänze die Zeichnung zum Dreieck ABC.

4 Konstruiere ein Dreieck mit den Seitenlängen a = 3,8 cm, b = 4,5 cm und der Seitenhalbierenden s_b = 4 cm. Nummeriere die Konstruktionsschritte und führe die Konstruktion durch.

> Erinnerung:
> Die Seitenhalbierende s_b verbindet die Mitte der Seite b mit B.

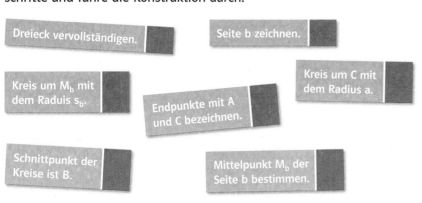

Begründen mit Kongruenzsätzen

1 Peter hat ein Parallelogramm gezeichnet und die Seitenlängen gemessen. Dabei hat er festgestellt, dass gegenüberliegende Seiten nicht genau gleich lang sind. Hat Peter ungenau gezeichnet oder gemessen? Mithilfe der Kongruenzsätze und anderer Kenntnisse aus der Geometrie kann man begründen, dass Peter ungenau gezeichnet (oder gemessen) hat. Finde einen Weg durch die Argumente (von den drei Möglichkeiten ist immer nur eine richtig, färbe diese ein) und fülle die Lücke bei C.

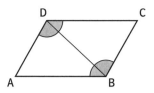

A Ein Parallelogramm ist ein Viereck, bei dem gegenüberliegende Seiten parallel sind.

| **B1** Die orange gefärbten Winkel sind gleich, da sie Stufenwinkel an parallelen Geraden sind. | **B2** Die orange gefärbten Winkel sind gleich, da sie Scheitelwinkel an parallelen Geraden sind. | **B3** Die orange gefärbten Winkel sind gleich, da sie Wechselwinkel an parallelen Geraden sind. |

C Aus dem gleichen Grund sind die grau gefärbten Winkel gleich, da auch sie _____ an parallelen Geraden sind.

| **D1** Beide Teildreiecke haben die Seite $\overline{AB}$ gemeinsam. | **D2** Beide Teildreiecke haben die Seite $\overline{BD}$ gemeinsam. | **D1** Beide Teildreiecke haben die Seite $\overline{DA}$ gemeinsam. |

E Demnach haben die beiden Teildreiecke ABD und BCD drei Eigenschaften gemeinsam und sind kongruent nach dem Kongruenzsatz:

| **E1** sws | **E2** sss | **E3** wsw |

F Da die beiden Teildreiecke kongruent sind, sind entsprechende Seiten gleich lang und es gilt:

| **F1** $\overline{AB} = \overline{BC}$ und $\overline{AD} = \overline{DC}$ | **F2** $\overline{AB} = \overline{DC}$ und $\overline{AD} = \overline{BC}$ | **F3** $\overline{AC} = \overline{BD}$ und $\overline{AB} = \overline{CD}$ |

Peter hat also _____ .

2 Der Basiswinkelsatz besagt: In einem gleichschenkligen Dreieck sind die Basiswinkel gleich groß. Finde eine Begründung für diesen Satz. Fülle die Lücken aus und kreuze die richtige Möglichkeit an.

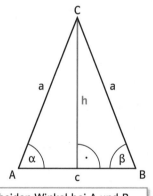

A Ein Dreieck heißt gleichschenklig, wenn zwei Schenkel gleich lang sind (siehe Skizze, dort $\overline{AC} =$ _____).

B Die Höhe h zerlegt das große Dreieck in zwei Teildreiecke. Folgende Winkel sind bei den beiden Teildreiecken auf jeden Fall gleich groß:

| **B1** Die beiden Teilwinkel beim Punkt C. | **B2** Die beiden rechten Winkel am Fuß der Höhe h auf der Seite c. | **B3** Die beiden Winkel bei A und B müssen auch gleich sein. |

C Beide Teildreiecke haben ein Seite gemeinsam, nämlich _____ .

D Die beiden Teildreiecke sind demnach nach dem Kongruenzsatz _____ kongruent, da

| **D1** im rechtwinkligen Dreieck die Seite, die dem rechten Winkel gegenüberliegt, immer die größte ist. | **D2** im rechtwinkligen Dreieck die Seite, die dem rechten Winkel gegenüberliegt, immer die kürzeste ist. |

Da die beiden Teildreiecke kongruent sind, folgt: _____ .

3 Es gilt auch die Umkehrung des Basiswinkelsatzes: Sind in einem Dreieck zwei Winkel gleich groß, so ist das Dreieck gleichschenklig. Du kannst diesen Satz jetzt bestimmt ohne Anleitung (ähnlich wie oben) in deinem Heft begründen.

Konstruktion von Vierecken

1 Konstruiere ein Viereck mit den Angaben a = 3 cm, b = 4 cm, α = 120°, β = 80°, γ = 70°. Wende dabei folgende Strategie an:
a) Markiere in der Planfigur alle gegebenen Stücke farbig.
b) Überlege, welches Teildreieck der Figur du als Erstes konstruieren kannst: Dreieck __ABC__ nach

dem Kongruenzsatz _____.
c) Zeichne das Dreieck.
d) Vervollständige mithilfe der übrigen Angaben das Dreieck zum gesuchten Viereck.

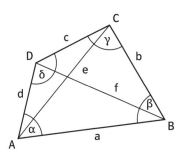

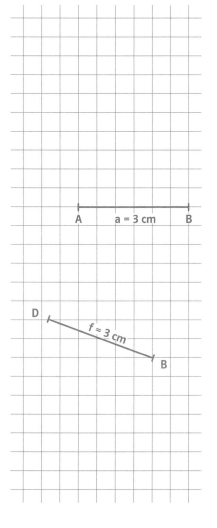

2 Wende die Strategie aus Aufgabe 1 für die folgende Viereckskonstruktion an. Gegeben sind a = 1,5 cm, b = 2,5 cm, c = 3,5 cm, f = 3 cm und δ = 70°.

Das Dreieck _____ ist nach

dem Kongruenzsatz _____

eindeutig konstruierbar.

Das Viereck ABCD ist aber nicht eindeutig konstruierbar, da bei der

Konstruktion _____

_____ .

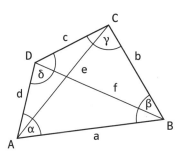

3 Konstruiere einen Drachen aus c = 1,7 cm, e = 3 cm und der Symmetrieachse f = 4 cm.

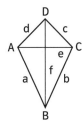

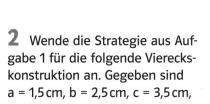

Ein Drachen ist ein Viereck mit einer Symmetrieachse.

4 Konstruiere eine Raute aus a = 3,5 cm und δ = 70°.

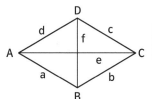

Eine Raute ist ein Viereck mit zwei Symmetrieachsen.

Miss zur Kontrolle: $\overline{AB}$ = _____ mm

Miss zur Kontrolle: $\overline{AC}$ = _____ mm

Vierecke, Haus der Vierecke

1 a) In der Figur ist der Drachen CDEI versteckt. Färbe seine Seiten.
b) Notiere alle Drachen, die du in der Figur entdeckst.

Drachen: _____

c) Markiere ein in der Figur verborgenes Parallelogramm ebenfalls farbig und notiere alle zu findenden Parallelogramme.

Parallelogramm: _____

d) Suche alle weiteren besonderen Vierecke.

_____ : _____

_____ : _____

_____ : _____

2 a) Konstruiere im Koordinatensystem das Quadrat ABCD mit dem Eckpunkt C(3|5) und dem Mittelpunkt M(0|2).
b) Zeichne das Parallelogramm EFGH mit den Eckpunkten E(−4|−3), F(0|−3), G(2|3) und H(___ | ___).
c) Wie heißen die Vierecke ABGH und HGCD?

_____

d) Wie heißt das Viereck EFBA? _____

3 Hier siehst du die Hälfte der Diagonalen eines Vierecks und den Diagonalenschnittpunkt M. Ergänze die Figur zu einem symmetrischen Viereck und notiere darunter seinen Namen.

a) _____ b) _____ c) _____ d) _____

4 Notiere alle möglichen Vierecke.

Quadrat | Symmetrisches Trapez | Raute | Rechteck | Parallelogramm | Drachen

a) Mein Viereck ist punktsymmetrisch, hat aber keine Symmetrieachse.

b) Die Diagonalen meines Vierecks halbieren sich nicht.

c) Je zwei gegenüberliegende Winkel meines Vierecks sind gleich groß.

d) Die Diagonalen meines Vierecks sind senkrecht zueinander.

_____   _____   _____   _____

_____   _____   _____   _____

_____   _____   _____   _____

Fülle die Lücken. Für jeden Buchstaben findest du einen Strich. Löse dann die Beispielaufgaben.

■ Dreiecksungleichung

In jedem Dreieck ist die _ _ _ _ _ von zwei Seitenlängen immer größer als die dritte Seitenlänge.

a + b > c   a + ___ > b   ___ + c > ___

■ Gib eine mögliche Länge für die dritte und
längste Dreiecksseite an.

a = 4 cm, b = 6 cm, c = _____

■ Kongruenzsätze für Dreiecke
Um ein Dreieck eindeutig konstruieren zu können,
benötigt man drei geeignete Angaben. Zwei
Dreiecke sind kongruent, wenn sie in den folgenden
Größen übereinstimmen (Kongruenzsätze):

• drei _ _ _ _ _ _   (sss),
• zwei Seiten und
dem eingeschlossenen Winkel (_ _ _),
• einer Seite und
den beiden anliegenden Winkeln (_ _ _),
• zwei Seiten und dem der größeren Seite

gegenüberliegenden Winkel (_ _ _)

SSS

■ Konstruktion mit Kongruenzsätzen

Sind _ _ _ _ geeignete Stücke eines Dreiecks
gegeben, kann man mithilfe der Kongruenzsätze
eine eindeutige maßstabsgetreue Zeichnung
anfertigen. So lassen sich Streckenlängen bei
Figuren in der Ebene oder bei Körpern im Raum
durch Konstruktion ermitteln.

■ Bestimme die Höhe eines gleichschenkligen Dreiecks, dessen Basis 3 m und dessen Schenkel 2 m
lang sind, in einer maßstabsgetreuen Zeichnung.

h ≈ _____ m

■ Begründen mit Kongruenzsätzen
Allgemeingültige geometrische Sachverhalte lassen
sich mit den Kongruenzsätzen begründen.

Beispiel:
Die Diagonalen im Rechteck
sind gleich lang.

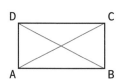

■ Die Dreiecke ABC und und ABD stimmen in den
Seiten $\overline{AB}$ und $\overline{AD}$ bzw. $\overline{BC}$ überein. Außerdem

schließen diese Seiten jeweils einen _____
Winkel ein. Sie sind also nach dem Kongruenzsatz

_____ kongruent.

Daher gilt: $\overline{AC}$ = _____

■ Konstruktion von Vierecken

Ein allgemeines Viereck ist durch _ _ _ _ Angaben
festgelegt.
Ein besonderes Viereck ist durch weniger Angaben
festgelegt.

■ Konstruiere ein Viereck mit α = 80°, β = 90°,
a = 4 cm, b = 1,5 cm und d = 2 cm.
Planfigur: Konstruktion:

1 Berechne im Kopf. Nutze dabei Rechenvorteile.

a) $42 - 55 + 18$ = _____

b) $-62 + 37 + 73$ = _____

c) $28 - 16 - 34$ = _____

d) $-13 - 52 - 27$ = _____

e) $80 - 90 - 10$ = _____

f) $-99 + 47 - 1$ = _____

g) $\frac{1}{3} - \frac{1}{4} + \frac{2}{3}$ = _____

h) $\frac{3}{5} - \frac{1}{7} + \frac{7}{5}$ = _____

i) $\frac{1}{2} - \frac{1}{3} - \frac{2}{9} + \frac{1}{18}$ = _____

2 Addiere bzw. subtrahiere die Brüche.

a) $\frac{2}{5} + \frac{1}{2}$ = _____

b) $\frac{1}{2} - \frac{4}{6}$ = _____

c) $\frac{3}{4} + 1$ = _____

d) $\frac{2}{7} - \frac{1}{2}$ = _____

e) $1 + \frac{5}{2}$ = _____

f) $\frac{7}{9} - 1$ = _____

3 Berechne die Produkte möglichst im Kopf.

a) $-5 \cdot 0,5$ = _____

b) $0,4 \cdot (-0,6)$ = _____

c) $(-1,2) \cdot (-1,2)$ = _____

d) $1,9 \cdot 1,9$ = _____

e) $0,1 \cdot (-0,2) \cdot (+0,3)$ = _____

4 a) Welche der Zahlen ist die kleinste? _____

b) Und welche hat den kleinsten Betrag? _____

c) Welche hat den größten Betrag? _____

d) Welche der Zahlen ist die größte? _____

e) Welche Zahl steht in der Mitte, wenn du die Zahlen nach der Größe ordnest? _____

| $-5,5$ | $5,2$ | $5,2$ | 25 | $-5,55$ | $5,05$ | $2,5$ | $0,55$ | $-55,5$ |

5 Konstruiere ein Dreieck mit a = 3 cm, b = 4 cm und γ = 55°.
Nach welchem Kongruenzsatz ist die Konstruktion eindeutig? _____

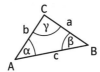

6 Konstruiere ein gleichschenkliges Dreieck mit der Basis 2 cm und der Schenkellänge 3 cm. Fertige zunächst eine Planfigur an. Miss zur Ergebniskontrolle die Größe der Basiswinkel:

_____

7 Schreibe die Brüche als Dezimalbrüche und trage sie in die Zahlengerade ein.

a) $\frac{25}{125}$ = _____

b) $-\frac{13}{5}$ = _____

c) $\frac{7}{2}$ = _____

d) $-\frac{560}{700}$ = _____

e) $\frac{630}{300}$ = _____

f) $-\frac{12}{8}$ = _____

g) $\frac{95}{190}$ = _____

h) $-\frac{11}{110}$ = _____

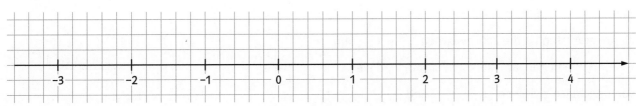

1 Stelle das Ergebnis der Klassenarbeit in der angegebenen Art dar.

a) Tabelle   b) Balkendiagramm

In der letzten Mathematikarbeit hatten in der Klasse 7b vier Schüler ein „Sehr gut", neun Schüler ein „Gut", sieben ein „Befriedigend", fünf ein „Ausreichend" und zwei Schüler leider ein „Mangelhaft".

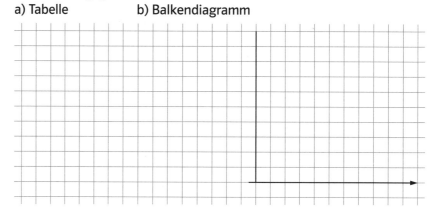

2 Veranschauliche den Text mithilfe eines Pfeilbildes.

Die vier Freunde machen eine Umfrage zum Thema Lieblingstiere. Manuel mag besonders gerne Hunde und Vögel. Petras Lieblingstier ist eine Katze. Michael mag eigentlich alle Tiere außer Hunde und Karo mag besonders gerne Meerschweinchen und Vögel.

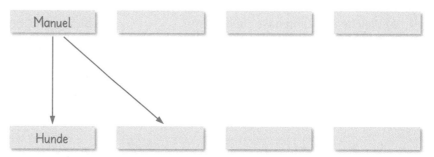

3 Die Bevölkerungsentwicklung in Deutschland: Ergänze die Tabelle und beantworte die Fragen.

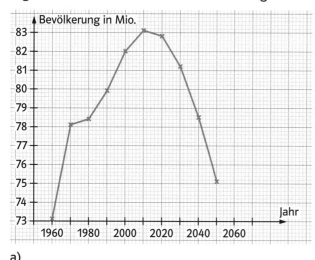

a)

Jahr	1960	1970		2000		2050
Bev. in Mio.			79,8		78,5	

b) Die Bevölkerungszahl ist zwischen 1960 und 1990 um ca. _____ Mio. gestiegen.

c) Am stärksten ist die Zahl zwischen _____ und _____ gestiegen, am stärksten sinken wird sie voraussichtlich zwischen _____ und _____.

4 Berechne zunächst. Zeichne zu der Tabelle ein passendes Schaubild.

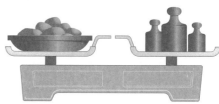

Preise für Kartoffeln

Gewicht	1 kg	2 kg	2,5 kg	4 kg
Preis	1,20 €			

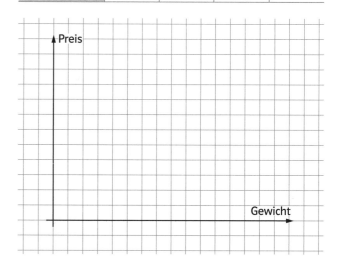

1 Der Wasserverbrauch pro Kopf und Tag im internationalen Vergleich.
a) Trage die fehlenden Werte in die Tabelle ein und zeichne das Diagramm weiter.

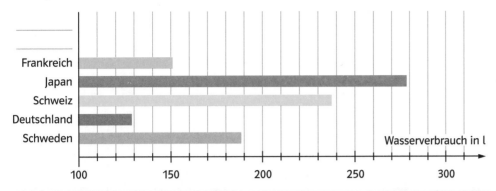

	Schweden		Japan		Belgien	USA
Wasserverbrauch je Einwohner und Tag		237 l		151 l	122 l	295 l

b) Wo ist der Wasserverbrauch am höchsten? _____ Niedrigster Verbrauch: _____

c) Der Unterschied zwischen diesen beiden Ländern beträgt _____ l je Einwohner und Tag.
d) Jan behauptet: „Der Wasserverbrauch in den USA ist mehr als sechsmal so hoch wie in Deutschland."
Was sagst du dazu?

_____

_____

2 In dem Schaubild ist
die Fahrt eines Zuges
von Bad Harzburg nach
Hannover grafisch
dargestellt.
a) Erstelle aus diesem
„grafischen Fahrplan"
die entsprechende
Fahrplanspalte.

Bad Harzburg	ab	
Goslar	an	
	ab	
Hildesheim	an	
	ab	
Hannover	an	

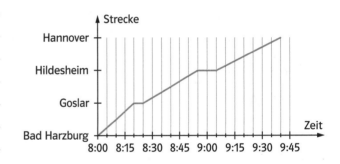

b) Wie lange hält der Zug in Goslar? _____

c) Wo hält der Zug am längsten? _____

d) Zwischen welchen Orten fährt der Zug am schnellsten? _____

e) Wie lang ist der Zug insgesamt unterwegs und wie viel davon ist die reine Fahrtzeit (ohne Haltezeiten)?

_____

3 Stell dir vor, in die links abgebildeten Gefäße wird gleichmäßig Wasser eingefüllt. Ein Schaubild rechts
zeigt, wie schnell der Wasserstand im Gefäß steigt. Ordne die vorgegebene Kurve einem Gefäß zu.
Zeichne zu den anderen Gefäßen die passenden Kurven.

a)   b)   c)

1 Die Strecke des Falls (s) in Metern steht in Beziehung zu der Zeit (t), die der Ball zum Fallen benötigt. Diese gefallenen Meter kann man mit der Formel $s = 5 \cdot t^2$ bestimmen.

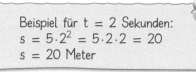

Beispiel für t = 2 Sekunden:
$s = 5 \cdot 2^2 = 5 \cdot 2 \cdot 2 = 20$
$s = 20$ Meter

a) Fülle die Tabelle aus.

Zeit in Sekunden	Gefallene Meter
1	
2	20
3	
5	
6	
8	
10	

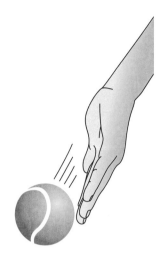

b) Zeichne den Graphen der Zuordnung.

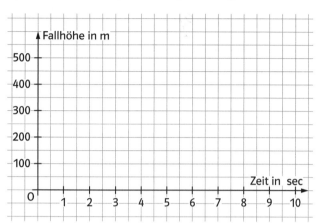

2 So berechnet man den ungefähren Anhalteweg: Man addiert den Reaktionsweg und den Bremsweg. Den Reaktionsweg in m berechnet man, indem man die Geschwindigkeit in km/h durch 10 teilt und das Ergebnis dann mit drei multipliziert. Den Bremsweg in m berechnet man, indem man die Geschwindigkeit in km/h durch 10 dividiert und das Ergebnis mit sich selber multipliziert.

a) Stelle jeweils eine Formel zur Berechnung auf.

Reaktionsweg	Bremsweg	Anhalteweg

b) Fülle die Tabelle aus.

	10 km/h	15 km/h	40 km/h	70 km/h	100 km/h	150 km/h	200 km/h
Reaktionsweg							
Bremsweg							
Anhalteweg							

3 Gib eine Formel zur Berechnung des y-Wertes an und ergänze die Tabellen.

a) $y =$ _____

x	1	2	3	4	5	6	7
y	1	8	27	64			

b) $y = \boxed{} \cdot x^{\boxed{}}$

x	1	2	3	4	5	6	7
y	5	20		80			

Proportionale Zuordnungen

1 Wähle einen geeigneten Zwischenschritt für die Berechnung.

a)

Stück	Gewicht
12	3 000 g
1	250 g
15	3750 g

÷12
×15

b)

Strecke	Zeit
390 km	6 h
65 km	1 h
650 km	10 h

÷6
×10

c)

Fläche	Preis
100 m²	580 €
1 m²	5,8 €
75 m²	435 €

÷100
×75

2 Das Befüllen eines 16-l-Gefäßes aus einer Leitung dauert 2 Minuten. Aus derselben Leitung wird ein 10-l-Gefäß gefüllt. Wie lange dauert es? Wähle einen geeigneten Zwischenschritt.

1. Schritt: Das Befüllen eines 16-l-Gefäßes dauert 2 m.

Zwischenschritt: Beim 1 l -Gefäß dauert es 0,125 m.

3. Schritt: Beim 10-l-Gefäß dauert es 1,25 m.

3 Jan möchte in den Urlaub nach Dänemark fahren und tauscht bei der Bank Geld um. Er tauscht 40 € um und bekommt dafür 300 DKK (Dänische Kronen). Damit er schneller umrechnen kann, legt er sich einen Graphen an. Berechne die fehlenden Angaben in der Tabelle und zeichne den Graphen dazu.

EUR	40	5	15	25
DKK	300	37,5	112,5	187,5

EUR	40	13,3	53,3	73,3
DKK	300	100	400	550

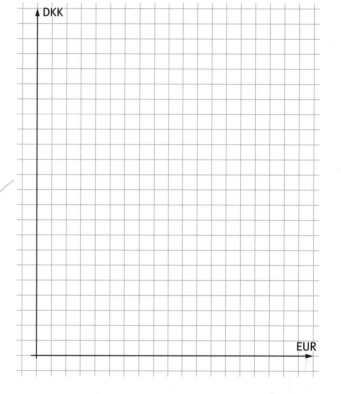

4 Lässt sich die Aufgabe mit dem Dreisatz lösen?

a) Ein Freibadbecken wird mit Wasser befüllt. Um 8 Uhr sind 80 000 l Wasser im Becken. Wie viel l sind es um 10 Uhr? ☐ ja ☒ nein

b) 500 Blatt Kopierpapier ergeben einen 5 cm hohen Papierstapel. Aus wie vielen Blättern besteht ein Stapel, der 3,5 cm hoch ist? ☒ ja ☐ nein

c) Ein Langstreckenläufer benötigt für 3 000 m etwa 9 Minuten. Wie lange braucht er für 10 000 m? ☐ ja ☒ nein

d) Florians Mutter weiß, dass in eine ihrer Tassen 150 g Reis passen. Wie viel Gramm Reis sind es, wenn sie mit der gleichen Tasse $2\frac{1}{2}$ Tassen Reis abmisst? ☒ ja ☐ nein

e) Silke wiegt 7 ihrer gesammelten Muscheln. Die Waage gibt 63 g an. Was zeigt die Waage an, wenn sie drei weitere Muscheln dazulegt? ☐ ja ☒ nein

Schreibe für zwei Aufgaben Rechnung und Lösung auf.

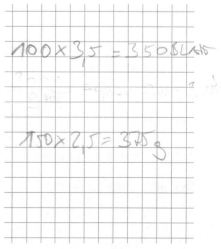

100 × 3,5 = 350 Blatt

150 × 2,5 = 375 g

1 Ein Lottogewinn von 120 000 € soll gleichmäßig in einer Tippgemeinschaft aufgeteilt werden.
a) Gib in der Tabelle an, wie viel € jedes Mitglied der Tippgemeinschaft erhält, wenn diese aus einer bestimmten Anzahl von Personen besteht.
b) Zeichne den Graphen der Zuordnung Anzahl der Personen → Gewinn pro Person (in €). Beschrifte zuerst die Achsen des Koordinatensystems.

Anzahl der Personen	Gewinn pro Person (in €)
1	120 000
2	60 000
3	40 000
4	30 000
5	24 000
6	20 000
8	15000
10	12 000

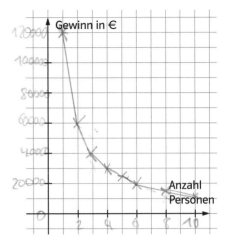

2 Die Goetheschule will ihre Klassenräume neu streichen lassen.
a) Berechne die fehlenden Angaben in der Tabelle und verdeutliche deine Rechnungen mit Pfeilen.

·2 ·2 ·2

Anzahl der Maler	2	3	4	6	12
benötigte Arbeitszeit (in Tagen)	12	8	6	4	2

:2 :2 :2

b) Für die Fertigstellung der Malerarbeiten benötigt man insgesamt __24__ Arbeitstage. Diese Größe ist unabhängig von der Anzahl der arbeitenden Maler.

3 Vervollständige die Tabellen der antiproportionalen Zuordnungen. Die Kärtchen mit den richtigen Lösungen ergeben in der Reihenfolge ein Lösungswort.

Anzahl der Spieler	1	2	3	4	6	8	9
Anzahl der Karten	72	36	24	18	12	9	8

Geschwindigkeit (in km/h)	4	6	12	18	20	24
Zeit für bestimmte Wegstrecke (in h)	30	20	10	6,6	6	5

Teilnehmerzahl beim Zeltlager	10	20	30	50	60	80
Lebensmittel reichen ... Tage	84	42	28	16,8	14	10,5

A | 7   N | 10½   S | 3
B | 6⅔   L | 5   E | 4
M | 30   T | 6⅓   O | 18
C | 20   E | 16⅘   I | 21
U | 10   N | 6   N | 8

Lösungswort: S O N N E N B L U M E N

4 a) Ein Rechteck soll den Umfang 16 cm haben. Fülle die Tabelle aus.

Länge (in cm)	1	2	3	4	5	6	7
Breite (in cm)	7	6	5	4	3	2	1

b) Ist die Breite antiproportional zur Länge?

Begründe deine Antwort. _____

_____

5 Die beiden Tabellen gehören jeweils zu einer antiproportionalen Zuordnung. Finde die beiden Fehler und korrigiere sie.

a)
x	3	9	12	18	22
y	12	4	3	2	1,5

b)
x	5	10	15	20	45
y	3,6	1,8	1,2	0,8	0,4

Dreisatzrechnung bei proportionalen Zuordnungen

1 Entscheide jeweils, ob es sich um eine proportionale (p) oder antiproportionale (ap) Zuordnung handelt. Schreibe die entsprechende Abkürzung in das Kästchen und berechne dann die fehlenden Werte.

a) Kirschen   `p`

Gewicht (kg)	Preis
5	17,00 €
11	
	30,60 €

b) Kosten für einen Busausflug

Anzahl Personen	Preis pro Person
4	9,00 €
6	
20	

c) Brötchen

Anzahl	Preis
15	3,90 €
10	
	6,50 €

d) Tee

Anzahl Packungen	Größe Packung
25	125 g
	50 g
50	

e) Futtervorrat

Tage	Tiere
12	84
8	
	21

f) Fahrkarten

Anzahl	Preis
16	20,80 €
12	
	13,00 €

2 Berechne die fehlenden Werte und zeichne das passende Schaubild dazu.

a) Preise für Eintrittskarten

Anzahl Karten	3	1	4	6
Preis in €	12,90			

b) Gewinnausschüttung

Anzahl Personen	3	1	4	6
Gewinn in €	60			

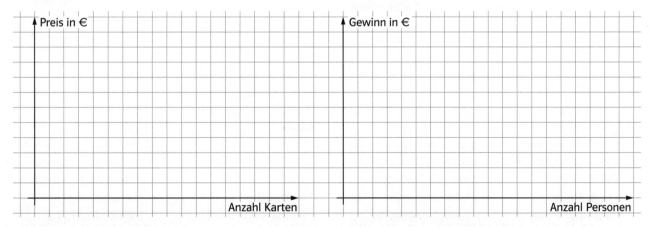

Hierbei handelt es sich um eine

_____ Zuordnung.

Hierbei handelt es sich um eine

_____ Zuordnung.

Dreisatzrechnung bei antiproportionalen Zuordnungen

1 Löse die Dreisatzaufgabe der Tabelle mithilfe eines geeigneten Zwischenschritts. Die richtigen Lösungen ergeben in der Reihenfolge ein Lösungswort.

a) Baustelle

Planier-raupen	Arbeitszeit (in h)
5	20
4	

b) Fruchtsaft

Packungs-inhalt (in l)	Packungen
1,5	650
2	

c) Tulpensträuße

Sträuße	Tulpen pro Strauß
8	15
10	

d) Parkgestaltung

Gärtner	Arbeits-tage
14	18
8	

P | 25   S | 126   E | 2   T | 31,5   E | 0,5   R | 1950   P | 120   L | 60

U | 100   L | 30   S | 1   G | 487,5   U | 975   E | 2   E | 4   O | 12

Lösungswort: __ __ __ __ __ __ __ __ __ __ __ !

2 Familie Schulz gibt pro Tag 12 € für Essen aus.
So reicht ihr Geld genau 4 Wochen. Wie viel darf die Familie pro Tag ausgeben, wenn es 35 Tage reichen soll?

Antwort: _____

3 Für die Berechnung der zulässigen Personenzahl in einem Aufzug geht man von einem Durchschnittsgewicht von 80 kg pro Person aus. Der Aufzug eines Hotels ist für 13 Personen zugelassen.

a) Wie viele Kinder mit einem Gewicht von 45 kg könnten mitfahren? _____

b) Wie schwer dürfen die Mitfahrer im Durchschnitt sein, wenn 14 Personen mitfahren wollen? _____

4 Für das Verlegen des Rollrasens in einem Fußballstadion benötigen zwei Spezialmaschinen etwa $2\frac{1}{4}$ Arbeitstage à 8 Stunden. Wie viel Zeit wird eingespart, wenn eine weitere Maschine desselben Typs eingesetzt wird?

Antwort: _____

5 Handelt es sich um eine proportionale oder antiproportionale Zuordnung oder um keine von beiden?

a) Aus 900 kg Hartweizen werden 300 000 Spaghetti hergestellt. Wie viel Hartweizen braucht man für 400 000 Spaghetti?
☐ proportional
☐ antiproportional
☐ weder/ noch

b) Die 300 000 produzierten Spaghetti haben eine Länge von 30 cm. Wie viele Spaghetti der Länge 50 cm können produziert werden?
☐ proportional
☐ antiproportional
☐ weder/ noch

c) 200 g Spaghetti sind in 8 Minuten gekocht. Wie lange dauert es bei 300 g Spaghetti?
☐ proportional
☐ antiproportional
☐ weder/ noch

d) Die Spaghetti-Fabrik produziert 5 600 Packungen mit je 250 g. Wie viele Packungen à 1 kg könnten stattdessen hergestellt werden?
☐ proportional
☐ antiproportional
☐ weder/ noch

Antwort: _____ kg

Antwort: _____ Stück

Antwort: _____ min

Antwort: _____ Pakete

Fülle die Lücken. Für jeden Buchstaben findest du einen Strich. Löse dann die Beispielaufgaben.

■ **Zuordnungen und Graphen**

Zuordnungen können durch _ _ _ _ _ _ _ _ _, Grafiken, Pfeile oder Texte dargestellt werden. Man kann den Graphen einer Zuordnung in

einem _ _ _ _ _ _ _ _ _ _ _ system darstellen. Dadurch lassen sich Eigenschaften der Zuordnung gut darstellen. Man kann z. B. erkennen, wo die zugeordnete Größe positiv/negativ, am größten/kleinsten ist,

_ _ _ _ _ _ _ _ oder abfällt.
Bei manchen Zuordnungen lässt sich die zweite Größe der Zuordnung

mithilfe einer _ _ _ _ _ _ _ _ _ berechnen.

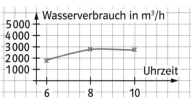

Uhrzeit	6	8	10
Verbrauch	1900	2900	2800

■ Berechne die zweite Größe.
$y = 2 \cdot x + 1$ für $x = 4$

_____

_____

■ **Proportionale Zuordnungen**
Eine Zuordnung $x \rightarrow y$ heißt proportional, wenn dem Zweifachen, dem Drei-, Vier-, … fachen einer Größe x

auch das _ _ _ _ _ _ _ _ _, Drei-, Vier-, … fache der Größe y zugeordnet ist.
Für alle Wertepaare ist der Quotient $x : y$ gleich groß und wird Proportionalitätsfaktor k genannt.
Die Gleichung einer proportionalen Zuordnung lautet: $y = k \cdot x$.
Der Graph einer proportionalen Zuordnung

liegt auf einer _ _ _ _ _ _ _ _, die durch den Punkt (0 | 0) verläuft.

·2   ·2

x	0	2	4	6	8
y	0	6	12	18	24

·2   ·2

y:x	–	3	3	3	3

Der y-Wert lässt sich daher mit der Gleichung $y = 3 \cdot x$ berechnen.

■ Zeichne den Graphen.

■ **Antiproportionale Zuordnungen**

Eine _ _ _ _ _ _ _ _ _ $x \rightarrow y$ heißt antiproportional, wenn dem

Zweifachen, Drei-, Vier-, … fachen der Größe x, der _ _ _ _ _ _ _, dritte bzw. vierte Teil der Größe y zugeordnet ist.
Für alle Wertepaare ist das Produkt $x \cdot y$ gleich groß.
Die Gleichung einer antiproportionalen Zuordnung lautet: $y = \frac{k}{x}$.

x	y	$x \cdot y$
	2	120
30		
15		

Bei dem Graphen einer antiproportionalen Zuordnung liegen alle

Punkte auf einer _ _ _ _ _ _, der so genannten Hyperbel.

■ Lies die Daten der antiproportionalen Zuordnung ab.

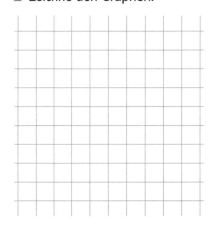

Gleichung: _____

■ **Dreisatz**
Zunächst werden die beiden zugehörigen

Größen in einer _ _ _ _ _ _ _ _ eingetragen, wobei die gesuchte Größe

_ _ _ _ _ _ steht.
Beide Größen werden mit der gleichen

Zahl multipliziert oder _ _ _ _ _ _ _ _ _ _, bis man das gesuchte Wertepaar erhält.

Beispiel:

Blöcke	Preis in €
15	27
1	1,80
4	7,20

: 15 ⟨ : 15
· 4 ⟨ · 4

■ Berechne mit dem Dreisatz.

_____ Zuordnung:

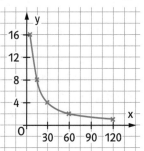

Anzahl Maler	Arbeitszeit
4	120
1	
30	

1 a) Konstruiere die Tangente durch den Punkt A und durch den Punkt B. Benenne den Schnittpunkt der beiden Tangenten mit S.
b) Erkläre, warum das Viereck ASBM ein Quadrat sein muss.

_____

_____

_____

_____

2 a) Zeichne mit dem Geodreieck die beiden Tangenten durch den Punkt A und durch den Punkt B. Welche beiden Winkelgrößen bilden sich beim Schnittpunkt S der beiden Tangenten?

b) Wäre der Winkel ⊀ AMB 80° groß, dann hätte der

Winkel ⊀ ASB eine Größe von _____°.

c) Hätte der Winkel ⊀ ASB eine Größe von 50°, dann

wäre der Winkel ⊀ AMB _____° groß.

3 Bitte das Richtige ankreuzen und Lücken ausfüllen.
a) Zeichnet man an einen Kreis zwei beliebige Tangenten, so entsteht ☐ oftmals ☐ immer ein aus den

Eckpunkten ASBM bestehendes Viereck (siehe oben). Dieses Viereck ist dann immer ein _____.

b) Zwei Tangenten schneiden sich ☐ mindestens ☐ genau ☐ höchstens einmal.

c) Zu einer Sekante gibt es an demselben Kreis genau ☐ zwei ☐ eine ☐ keine parallele Tangente.

d) Zu einer Sekante gibt es zu demselben Kreis ☐ mehrere ☐ eine ☐ keine parallele Passante.

e) Zu einer Tangente gibt es an demselben Kreis ☐ mehrere ☐ eine ☐ keine parallele Tangente.

f) Die Mittelsenkrechte zu zwei Kreispunkten geht immer durch den _____.

4 Konstruiere zur Geraden g drei Kreise so, dass die Gerade Tangente eines Kreises, Sekante zum zweiten und beim dritten Passante ist.

g

5 Gegeben sind die beiden Tangenten d und t (d ∥ t) des Kreises k. Konstruiere einen möglichen Kreismittelpunkt M von k und zeichne dann den Kreis k.

d

t

Der Satz des Thales

1 Markiere zunächst in der Planfigur die bekannten Stücke. Konstruiere dann das Dreieck.

a) b = 6 cm;
β = 90°;
h_b = 2 cm

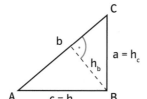

b) c = 4,5 cm;
γ = 90°;
h_c = 1,5 cm

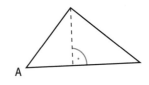

c) Die Konstruktionsbeschreibungen sind durcheinander geraten. Ordne die Sätze der passenden Teilaufgabe (a oder b) zu. Notiere auch die Reihenfolge der Arbeitsschritte (1–6).

| b 6 | Zeichne die Höhe h_c ein. |

| | Konstruiere zu c eine Parallele mit dem Abstand von 1,5 cm. |

| | Zeichne den Thaleskreis über c. |

| | Konstruiere zu $\overline{AB}$ die Mittelsenkrechte m_c. |

| | B ist ein Schnittpunkt von Thaleskreis und Parallele. |

| | Zeichne den Thaleskreis über b. |

| | Konstruiere zu b eine Parallele mit dem Abstand von 2 cm. |

| | Konstruiere zu $\overline{AC}$ die Mittelsenkrechte m_b. |

| a 6 | Zeichne die Höhe h_b ein. |

| | C ist ein Schnittpunkt von Thaleskreis und Parallele. |

| | Zeichne c = $\overline{AB}$ mit der Länge 4,5 cm. |

| | Zeichne b = $\overline{AC}$ mit der Länge 6 cm. |

2 a) Zeichne das Dreieck ABC und konstruiere dabei die Punkte E und C. Die Strecke $\overline{AB}$ ist 4 cm lang. Berechne β und γ.

β = _____

γ = _____

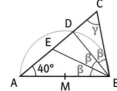

b) Berechne α. Konstruiere dann in Originalgröße.

α = _____

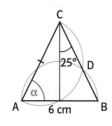

Umfang des Kreises

1 Tim hat bei einigen zylinderförmigen Gegenständen (Dose, Anspitzer, Litfaßsäule) den Durchmesser gemessen. Bestimme den Umfang.

a) Durchmesser 9 cm
Umfang:

$3{,}14 \cdot 9\,cm =$ _____

b) Durchmesser 3 cm
Umfang:

_____ =

c) Durchmesser 1,5 m
Umfang:

_____ =

2 Berechne zu den abgebildeten Kreisen zunächst den Umfang und zeichne dann eine Strecke, die so lang ist wie der berechnete Umfang des Kreises.

$U = \pi \cdot d$ oder
$U = 2\pi r$

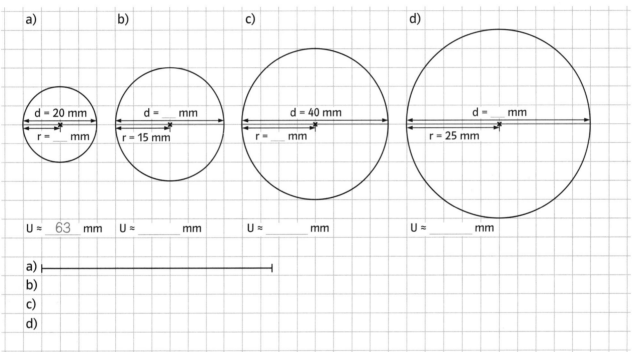

a)
d = 20 mm
r = ___ mm
U ≈ 63 mm

b)
d = ___ mm
r = 15 mm
U ≈ ___ mm

c)
d = 40 mm
r = ___ mm
U ≈ ___ mm

d)
d = ___ mm
r = 25 mm
U ≈ ___ mm

a) ├────────────────────────────┤
b)
c)
d)

3 Die Pizzeria „Toscana" wirbt mit einer Maxipizza, die einen Umfang von 1 Meter haben soll. Sabine glaubt nicht, dass es eine so große Pizza gibt und

berechnet den Durchmesser der Pizza: 100 cm : 3,14 = _____ cm.

Die Jumbo-Pizza mit einem Durchmesser von 36 cm hat sogar einen Umfang von

$3{,}14 \cdot 36\,cm =$ _____ cm = _____ m.

4 Der Umfang der Erde (gemessen z. B. am Äquator) ist ungefähr 40 000 km lang. Den Durchmesser der Erde kann man dann so berechnen:
40 000 km : 3,14 ≈ 12 738,8535 km =

_____ m.

Denke dir ein Seil so eng um die Erde gespannt, dass kein einziges Blatt Papier mehr dazwischen passt. Nun soll dieses Seil um 1 Meter verlängert

werden, es ist dann 40 000,001 km =

_____ m lang. Ob man jetzt

ein Blatt Papier dazwischen bekommt oder eine Maus darunter durchkriechen kann? Rechne im Heft:

40 000 001 m : 3,14 = _____ m.

Antwort: _____

_____

Flächeninhalt eines Kreises

1 Ergänze die fehlenden Angaben in der Tabelle.

	a)	b)	c)
Radius	5 m		
Durchmesser		8 km	1 m
Flächeninhalt			

3 Ein Kreis hat den Umfang 50 cm. Wie groß ist sein Flächeninhalt?

Durchmesser: 50 cm : _____ = _____ cm

≈ _____ cm (runde auf cm).

Radius: _____ cm

Flächeninhalt: 3,14 · _____² cm² = _____ cm²

≈ _____ cm² (runde auf cm²)

2 Wie groß ist der Flächeninhalt eines 10-ct-Stücks? Schätze zunächst:

_____ cm²

Miss nun den Durchmesser eins 10-ct-Stücks aus deinem Geldbeutel: _____ mm (Radius: _____ mm)

A ≈ 3,14 · _____² mm² = 3,14 · _____ mm²

= _____ mm² ≈ _____ cm².

Hast du gut geschätzt?

_____

4 Welches Angebot ist günstiger? In einer Pizzeria in Stockholm gibt es verschieden große (aber gleich dicke) Pizzas. Eine Pizza mit dem Durchmesser 30 cm kostet 30 Kronen, eine Pizza mit dem Durchmesser 40 cm kostet 40 Kronen.

Fläche der kleinen Pizza: 3,14 · _____² cm² = _____ cm² für 30 Kronen

Für eine Krone bekommt man also _____ cm² : 30 = _____ cm².

Fläche der großen Pizza: 3,14 · _____² cm² = _____ cm² für 40 Kronen

Für eine Krone bekommt man also _____ .

Die _____ Pizza ist daher das bessere Angebot.

5 Tanja findet in einem Backbuch ein Rezept für einen Tortenboden für eine Springform mit einem Durchmesser von 20 cm. Da sie acht ihrer Freundinnen zum Kaffe eingeladen hat, möchte sie das Rezept für eine Springform mit einem Durchmesser von 28 cm abändern. Wie muss sie die Mengenangaben verändern? Du kannst ihr sicher helfen.

– 75 g Mehl
– 30 g Margarine
– 1 Eigelb
– 25 g Zucker

Die 20-cm-Springform hat einen Radius von _____ cm, also beträgt der Flächeninhalt des Bodens

A = π · _____² cm² ≈ 3,14 · _____ cm² = _____ cm². Die 28-cm-Springform hat einen Radius von _____ cm

und der Boden entsprechend einen Flächeninhalt von A = π · _____² cm² ≈ 3,14 · _____ cm² = _____ cm².

Der Flächeninhalt der großen Springform ist ungefähr _____ so groß wie der Flächeninhalt

der kleinen Form, Tanja muss die Mengenangaben also einfach _____ .

6 Ein Lochverstärkungsring hat einen äußeren Durchmesser von 13 mm. Wie groß ist seine Fläche, wenn der Radius des Lochs halb so groß ist wie der äußere Radius?

Äußerer Radius: _____ mm, innerer Radius: _____ mm.

Flächeninhalt (mit Loch) ≈ 3,14 · _____² mm² = _____ mm²

Flächeninhalt des Lochs ≈ 3,14 · _____² mm² = _____ mm².

Differenz: _____ mm²

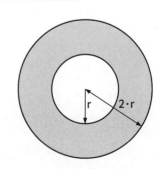

Kreisausschnitt und Kreisbogen

1 Bestimme jeweils die Länge des Kreisbogens und die Fläche des Kreisausschnittes.

a) r = 5 cm; α = 80°

$b = \dfrac{80°}{360°} \cdot 2 \cdot \pi \cdot 5\,cm$

b = _____

$A = \dfrac{\boxed{}}{360°} \cdot \pi \cdot (\boxed{})^2$

A = _____

b) r = 3,5 cm; α = 63°

b = _____

b = _____

A = _____

A = _____

c) d = 5 cm; α = 40°

b = _____

b = _____

A = _____

A = _____

2 Berechne die fehlenden Größen der Kreisausschnitte.

	a)	b)	c)	d)	e)
Mittelpunktswinkel α	60°	75°	200°	150°	110°
Radius r	4 cm				
Durchmesser d		14 m			
Bogenlänge b			370 dm		
Flächeninhalt A				2094,4 mm²	
Umfang U					19,6 km

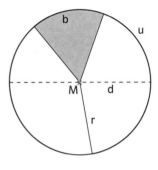

3 Bestimme jeweils den zugehörigen Mittelpunktswinkel α sowie den Flächeninhalt A bzw. Bogenlänge b.

a) r = 8 cm; b = 5 cm

$\alpha = \dfrac{5\,cm \cdot 360°}{2 \cdot \pi \cdot 8\,cm}$

α = _____

$A = \dfrac{\boxed{}}{360°} \cdot \pi \cdot (\boxed{})^2$

A = _____

b) r = 6,5 dm; A = 10 dm²

$\alpha = \dfrac{\boxed{} \cdot 360°}{\pi \cdot (\boxed{})^2}$

α = _____

$b = \dfrac{\boxed{}}{360°} \cdot 2 \cdot \pi \cdot \boxed{}$

b = _____

c) d = 6 m; b = 9 m

$\alpha = \dfrac{\boxed{} \cdot 360°}{2 \cdot \pi \cdot \boxed{}}$

α = _____

$A = \dfrac{\boxed{}}{360°} \cdot \pi \cdot (\boxed{})^2$

A = _____

4 Zeichne die nebenstehende Figur in Originalgröße. Bestimme bzw. berechne den Umfang und den Flächeninhalt der orange gefärbten Figur.

Umfang: _____

Flächeninhalt: _____

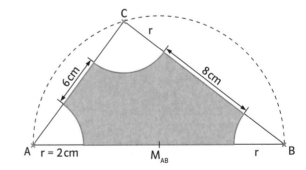

Fülle die Lücken. Für jeden Buchstaben findest du einen Strich. Löse dann die Beispielaufgaben.

■ Kreis und Gerade

Eine Gerade, die mit einem Kreis keinen Berührpunkt

hat nennt man **Passante** (___), mit genau einem

Berührpunkt **Tangente** (___) und mit zwei Berühr-

punkten **Sekante** (___).

_ _ _ _ _ _ _ _ und Radius bilden einen rechten
Winkel.

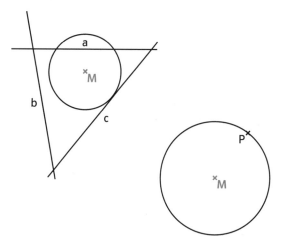

■ Tangenten zeichnen

_ _ _ _ _ _ _ _ den Kreismittelpunkt M an dem
Berührpunkt P und zeichne die Strecke $\overline{MM'}$.
Die Mittelsenkrechte der Strecke $\overline{MM'}$ ist die
gesuchte Tangente zum Radius MP.

■ Überprüfe, ob die Gerade c Tangente ist.
■ Konstruiere die Tangente durch den Punkt P.

■ Satz des Thales

Der Kreis um den Mittelpunkt einer Strecke $\overline{AB}$

heißt _ _ _ _ _ _ _ _ _ _ _ _ _. Verbindet man einen
von A und B verschiedenen Punkt P, der auf diesem
Kreis liegt, mit A und B, so ergibt sich ein

_ _ _ _ _ _ _ _ _ _ _ _ _ _.

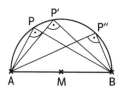

Es gilt auch die _ _ _ _ _ _ _ _ _ des Thalessatzes:

Jeder Punkt C eines rechten _ _ _ _ _ _ _ _ ⊲ ACB
liegt auf dem Thaleskreis über der Strecke $\overline{AB}$.

■ Welches der Dreiecke ist rechtwinklig?
☐ ABQ   ☐ ABQ'   ☐ ABQ''

■ Umfang und Flächeninhalt des Kreises

Den Flächeninhalt eines Kreises erhält man, wenn

man den _ _ _ _ _ _ _ quadriert und mit der

_ _ _ _ _ _ _ _ _ _ π multipliziert.
Der Wert von π ist ungefähr 3,14.
Flächeninhalt A = π · r²

Der Umfang eines Kreises ergibt sich als Produkt der

Kreiszahl π mit dem _ _ _ _ _ _ _ _ _ _ _ _ _.
Umfang U = π · d = π · 2 · r

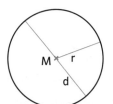

d = 6 cm,   r = _____

A = _____

U = _____

	r = 2 cm d =	r = d = 10 cm	r = d =
Fläche A			
Umfang U			6,28 m

■ Kreisausschnitt und Kreisbogen

Die Fläche eines Kreisausschnittes und die Länge
eines Kreisbogens werden anteilig zu dem entsprechenden Vollkreis mit 360° berechnet.
In Abhängigkeit zum

_ _ _ _ _ _ _ _ _ _ _ _ _ _ _ _ _ α gilt:

$A = \frac{\alpha}{360} \cdot \pi \cdot r^2$ $b = \frac{\alpha}{360} \cdot 2 \cdot \pi \cdot r$ bzw. $b = \frac{\alpha}{360} \cdot \pi \cdot d$

■ Berechne die Fläche
des Kreisausschnittes
und die Länge des
Kreisbogens.

A = _____

b = _____

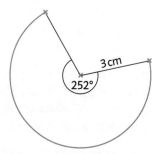

1 Eine Bank bietet für Spareinlagen 4% Zinsen. Betrachte die Grafik und beantworte die folgenden Fragen.

a) Wie viel Zinsen erhält man, wenn man 200 € ein Jahr lang anlegt?

b) Peter erhält 10 € Zinsen pro Jahr. Wie viel Geld hat er gespart?

c) Ist die Zuordnung Spareinlage in € → Jahreszinsen in € proportional? Begründe.

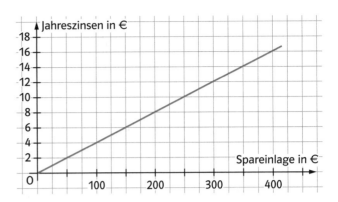

d) Eine andere Bank bietet 4,5% Zinsen. Zeichne den Graphen ein.

e) Wie viel Zinsen erhältst du in der anderen Bank für 200 €? _____ €

2 Jutta möchte sich ihr Kinderzimmer neu einrichten. Sie vergleicht die Angebote dreier Möbelhändler:

a) Nach der ersten Preissenkung kostet das Jugendzimmer bei „Gemütlich & Billig" _____ €.

b) Nach der zweiten Preissenkung kostet das Jugendzimmer nur noch _____ €. Verglichen mit dem alten Preis ist das eine Preissenkung um _____ %.

c) Berechne den neuen Preis bei der „Wohnecke": _____ €.

d) Bei welchem Möbelhändler sollte Jutta das Zimmer kaufen? _____

e) Berechne den alten Preis bei Möbelhändler „Fritzis": _____ €.

3 60% aller Schülerinnen und Schüler der Jahrgangsstufe 7 gehen mindestens einmal pro Woche zum Sport in einen Sportverein.

a) Der Kreis steht für alle Schülerinnen und Schüler der Jahrgangsstufe 7. Trage ein, wie viele Schüler mindestens einmal in der Woche zum Sport in einen Verein gehen.

b) Ein Drittel dieser Vereinssportler gehen sogar zweimal in der Woche zum Training. Trage auch diesen Wert in das Diagramm ein.

c) Wie viel Prozent der Kinder der Jahrgangsstufe gehen zweimal pro Woche zum Vereinstraining? _____

d) In der Sport-AG der Schule sind 12 Kinder, die keinem Sportverein angehören. Zusammen mit den Vereinsmitgliedern sind das 70% der Jahrgangsstufe. Wie viele Kinder sind weder Mitglied des Sportvereins noch Teilnehmer der Sport-AG? _____

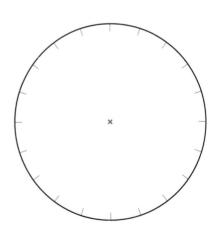

Prozente und Zinsen

1 Familie Schmidt hat sich ein neues Auto bestellt. Der Kaufpreis wird erst bei Abholung des Fahrzeugs fällig. Das Geld, 21 500 €, liegt zurzeit auf einem Tagesgeldkonto (Zinssatz: 4,5 %), von dem man jederzeit beliebig viel Geld abheben darf. Die Lieferung des neuen Autos erfolgt erst in einem Jahr, da es sich um ein neues Modell handelt. Die Familie möchte sich von den Zinsen eine Reise nach Berlin gönnen, welche im Angebot 999 € kostet. Reicht das Geld?

a) Berechne die Zinsen mit dem Dreisatz.

$$21\,500\,€ \quad — \quad \_\_\_\_\_\,\%$$

$$_____\,€ \quad — \quad 1\,\%$$

$$_____\,€ \quad — \quad 4,5\,\%$$

b) Berechne jetzt die Differenz zwischen Zinsen und den Urlaubskosten: _____
Entscheide.

| Es fehlen _____ €. ☐ | | Es bleiben _____ € übrig. ☐ |

2 Jutta möchte bei einem Versandhaus eine Kompaktstereoanlage (Preis: 298 €) bestellen. Gegen einen geringen Aufpreis (26,82 €) wird ihr angeboten, dass sie die Anlage erst in einem Jahr bezahlen muss. Auf ihrem Sparbuch befinden sich zurzeit genau 300 €. Sie erhält dafür 3 % Zinsen. Sollte sie das Angebot des Versandhauses annehmen?

a) Sparbuch
Berechnung der Zinsen mit dem Dreisatz:

$$300\,€ \quad — \quad \_\_\_\_\_\,\%$$

$$\_\_\_\,€ — 1\,\%$$

$$\_\_\_\,€ — 3\,\%$$

b) Versandhaus
Berechnung des Zinssatzes mit dem Dreisatz:

$$298\,€ \quad — \quad \_\_\_\_\_\,\%$$

$$1\,€ \quad — \quad \_\_\_\_\_\,\%$$

$$26,82\,€ — \quad_____\,\% = _____$$

Der Zinssatz des Versandhauses ist _____ als der Zinssatz des Sparbuches. Er beträgt _____ %.

Jutta sollte _____, sie spart damit _____ €.

3 Stefan hat sein Konto ein Jahr lang überzogen. Er muss dafür 280 € Zinsen bezahlen. Um wie viel Euro war das Konto überzogen, wenn der Überziehungs-Zinssatz 14 % beträgt?

Das Kapital berechnet man mit der Formel _____. Stefan hatte sein Konto um _____ € überzogen.

4 Peter hat vor einem Jahr 1250,00 € auf einem Sparbuch angelegt. Jetzt befinden sich 1287,50 € darauf.

a) Peter hat _____ € Zinsen erhalten.

b) Der Zinssatz betrug damit ____ %.

$$1250,00\,€ \quad — \quad \_\_\_\_\_\,\%$$

$$\_\_\_\_\_\,€ — 1\,\%$$

$$\_\_\_\_\_\,€ — \_\_\_\,\%$$

c) Wenn sich der Zinssatz nicht verändert, hat Peter nach einem weiteren Jahr insgesamt _____ €,

nämlich _____ € mehr auf dem Sparbuch.

1 Berechne die Zinsen für die angegebenen Zeiträume.

a)

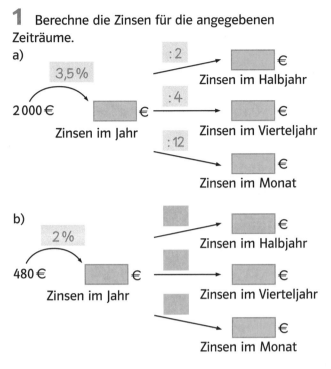

2 Der Vater von Sven will sich einen Kleinwagen für 17 800 € kaufen. Wenn er den Betrag sofort zahlt, wird ihm ein Rabatt von 2 % eingeräumt, ansonsten wird der volle Kaufpreis bei der Lieferung des Autos in 90 Tagen fällig. Bezahlen will er den Betrag von seinem Sparbuchguthaben, das dort mit 5 % verzinst wird. Soll er den Wagen lieber gleich bezahlen oder erst bei der Lieferung?

Falls er den Wagen sofort bezahlt, spart er 2 % von

17 800 €, das sind _____ €. Wenn er den Betrag

von 17 800 € zu 5 % verzinsen würde, so wäre dies

ein Jahreszins von _____ €, anteilig für die 90

Tage ergäben sich Zinsen von _____ €.

Er spart mehr, wenn er _____ bezahlt.

3 Berechne die fehlenden Angaben. Runde gegebenenfalls sinnvoll.

	a)	b)	c)	d)	e)	f)
Guthaben in €	200,00 €	300,00 €			700,00 €	10 000 €
Zinssatz	1 %	2,5 %	3 %	1,2 %		
Jahreszinsen in €			24,00 €		93,80 €	80 €
Monatliche Zinsen in €				0,50 €		

4 Bei welchem Zinssatz erhöht sich ein Kapital von 2 500 € in einem Quartal auf 2 550 €?

Lösung: Wenn sich das Kapital in _____ Monaten um _____ € erhöht, so erhöht es sich in einem

Jahr um _____ €. Dividiert man diese Jahreszinsen durch den Grundwert von _____ €, so erhält

man den Zinssatz als Dezimalbruch _____. Das entspricht einem Prozentwert von _____ %.

5 Für einen Kredit in Höhe von 12 000 € sind bei einem Zinssatz von 5 % bei der Bank insgesamt 300 € an Zinsen zu bezahlen. Wie lange wurde der Kredit beansprucht?

Lösung: Das Kapital beträgt _____ €, die für ein Jahr zu zahlenden Zinsen betragen _____ €.

Der Kredit wurde also nur für _____ beansprucht.

6 Herr Schuldig will bei seiner Hausbank ein Darlehen in Höhe von 30 000 € zu einem Zinssatz von 9,5 %

aufnehmen. Nach einem Jahr will er das Darlehen und die Zinsen (_____ €) zurückzahlen. Er muss dann

insgesamt _____ € bezahlen.

Bei der Kreditbank müsste er für das gleiche Darlehen nach einem Jahr 2 640,00 € Zinsen bezahlen. Das

entspricht einem Zinssatz von _____ %. Bei der _____ zahlt er also _____ € weniger.

Tageszinsen und Zinseszinsen (2)

1 Wer seine Ersparnisse bei Geldinstituten anlegt, bekommt dafür Zinsen. Wer sich dort hingegen Geld leiht, muss dafür Zinsen bezahlen. Auf welchen Betrag wachsen die Schulden mit Zinseszinsen an, wenn erst nach fünf Jahren mit der Rückzahlung der geliehenen 50 000 € begonnen werden soll (5 % Zinsen pro Jahr)?

	im 1. Jahr	im 2. Jahr	im 3. Jahr	im 4. Jahr	im 5. Jahr	nach 5 Jahren
Schulden ohne Zinsen	50 000 €	52 500 Euro				
Zinsen	2 500 Euro					
Schulden mit Zinsen	52 500 Euro					

2 Herr Weitsichtig möchte für seinen Enkel vier Jahre lang einen Betrag von 200,00 € für den Führerschein sparen. Die Einzahlung soll jeweils am 1.1. des Jahres erfolgen. Der Berater von der Bank rechnet mit einem Zins von 2 %. Er betont, dass es auch bis zu 4 % sein könnten. Oma Weitsichtig meint, dass der Enkel dann ja doppelt so viele Zinsen bekommen würde. Hat sie Recht? Berechne die fehlenden Werte in den Tabellen.

Zinssatz 2 % (Runde sinnvoll.)

	Kapital in €	Zinsen in €	Summe in €
1 Jahr	200,00	4,00	200,00 + 4,00 = 204,00
2 Jahre	200,00 + 204,00 = 404,00		
3 Jahre			
4 Jahre			

Zinssatz 4 % (Runde sinnvoll.)

	Kapital in €	Zinsen in €	Summe in €
1 Jahr	200,00	8,00	200,00 + 8,00 = 208,00
2 Jahre	200,00 + 208,00 = 408,00		
3 Jahre			
4 Jahre			

3 Peter hat zu seinem Geburtstag insgesamt 500 € geschenkt bekommen. Er möchte das Geld anlegen, damit er später einmal einen Teil seines Führerscheins bezahlen kann. Derzeit bietet ihm seine Bank einen Zinssatz von 3,5 % an. Er rechnet mit einer Laufzeit von acht Jahren. Will man das Anwachsen des Kapitals

über ____ Jahre berechnen, so muss man den Anfangsbetrag von _____ € mit dem Zinsfaktor _____

insgesamt _____ -mal multiplizieren. Rechnung: _____

Nach acht Jahren beträgt das Kapital _____. Insgesamt gesehen vergrößert sich das Kapital

um _____ %.

4 Herr Schnell will sich ein neues Auto für 13 000 € kaufen. Vergleiche die Angebote.

Gut & Günstig

Anzahlung:	2 600 €
Laufzeit:	36 Monate
Rate:	185,10 €
Schlussrate:	5 200 €

Kapital:	13 000 €
Zinssatz:	4,8 %
Zinsen im Jahr:	_____ €
Laufzeit:	3 Jahre

Reich & Reichlich

Gesamtkosten: _____   Gesamtkosten: _____

Berechne für beide Finanzierungen die Gesamtkosten.

Für Herrn Schnell ist das Angebot _____ besser, er spart _____ €.

Wenn er bei seiner Bank den Kredit in drei Jahresraten zurückzahlen will, sind das pro Jahr _____ €.

Herr Schnell muss hierfür jeden Monat _____ € zurücklegen.

Fülle die Lücken. Für jeden Buchstaben findest du einen Strich. Löse dann die Beispielaufgaben.

■ Prozentrechnen und proportionale Zuordnungen

Die Zuordnung Prozentsatz
p% → Prozentwert W ist bei
festgelegtem Grundwert G

_ _ _ _ _ _ _ _ _ _ _ _ :

G ist damit der Proportionalitäts-

_ _ _ _ _ _ $\frac{W}{p\%}$ = G.

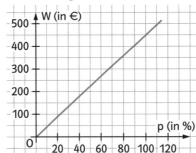

■ Lies die Werte aus der Grafik ab:

100% — _____ €

10% — _____ €

315€ — _____ %

225€ — _____ %

■ Berechnung des Grundwertes G

Man dividiert den Prozentwert

_____ durch den Prozentsatz _____ :

$G = \frac{W \cdot 100}{p}$

Beispiel:
35% sind 700. 100% sind dann?
Gegeben: p% (35), W (700)

p% — W
35% — 700
1% — $\frac{700}{\boxed{}}$

100% — G = $\frac{700 \cdot \boxed{}}{\boxed{}}$ = _____

■ Berechnung des Prozentwertes W

Man multipliziert den Prozentsatz

_____ mit dem Grundwert _____ :

$W = \frac{G \cdot p}{100}$

Beispiel:
Wie viel sind 55% von 500 m?
Gegeben: G (500 m)

100% — G
100% — 500 m
1% — $\frac{\boxed{}}{100}$ m = _____ m

p% = 55% — W = _____ m

■ Berechnung des Prozentsatzes p%

Man dividiert den Prozentwert

_____ durch den Grundwert _____ :

$p\% = \frac{W \cdot 100}{G}\%$

Beispiel:
Wie viel Prozent sind 48 von 240?
Gegeben: G (240), W (48)

G — 100% = 1
240 — 100%
1 — $\frac{100}{\boxed{}}\%$

W = 48 — p% = _____ %

■ Zinsrechnung

Begriffe bei der Bank	Begriffe Prozentrechnung
Zinssatz (p%)	(p%)
Jahreszinsen (Z)	(W)
Guthaben oder Kapital (K)	(G)

Werden Zinsen einem Guthaben zugefügt, so werden diese im folgenden Jahr mitverzinst. Dabei wird für einen Monat mit

_____ Tagen und für ein Jahr mit _____ Tagen gerechnet.

■ Tageszinsen Z_t und Laufzeit t

Zunächst berechnet man die _ _ _ _ _ _ _ zinsen. Danach berechnet

man die Tageszinsen als _ _ _ _ _ _ der Jahreszinsen.

■ Zinseszinsen und Gesamtkapital
Man kann das Gesamtkapital nach n Jahren mit dem

_ _ _ _ _ _ _ _ _ _ q = 1 + p% berechnen: $K_n = K \cdot q_n$

Piets Sparguthaben beträgt ein Jahr lang 500 €, der Zinssatz 2%.

■ Zinsen am Jahresende:

2% von 500 € = _____ €

■ Guthaben am Jahresende:

500 € · _____ = _____ €

■ Zinsen für 30 Tage:

_____ · $\frac{30}{360}$ = _____ €

■ Guthaben nach 30 Tagen:

_____ € + _____ € = _____ €

■ Zinsfaktor:

q = 1 + 2% = 1 + _____

■ Guthaben nach 3 Jahren:

_____ · _____ · _____ · 500 €

= _____ €

1 Berechne.

a) $-1{,}5 \cdot 2{,}3$ = _____

b) $20 \cdot (-5{,}1)$ = _____

c) $(-1{,}9) \cdot (-0{,}25)$ = _____

d) $(-3{,}6) \cdot (+9)$ = _____

e) $4{,}4 \cdot (-7)$ = _____

f) $1{,}7 \cdot (-0{,}7)$ = _____

g) $\left(-\frac{5}{6}\right) \cdot (-18)$ = _____

h) $\frac{12}{5} \cdot \left(-\frac{12}{5}\right)$ = _____

i) $\left(-\frac{13}{7}\right) \cdot \left(+\frac{21}{26}\right)$ = _____

2 Fasse geschickt zusammen und rechne im Kopf.

a) $5{,}6 + 1{,}4 + 3{,}4 - 8{,}4$ = _____

b) $16{,}08 + 8{,}88 - 1{,}08 + 1{,}12$ = _____

c) $-32{,}32 + 5{,}5 - 11{,}18 + 8$ = _____

d) $-0{,}75 + \frac{1}{5} + \frac{3}{4} - 1{,}2$ = _____

e) $\frac{1}{2} + \frac{1}{3} - \frac{2}{3} + \frac{25}{50}$ = _____

f) $-198{,}92 - 35{,}5 - \frac{2}{25}$ = _____

3 Konstruiere ein Dreieck mit b = 3,5 cm, c = 3 cm und β = 40°.
Die Konstruktion ist nach dem Kongruenzsatz

_____ eindeutig.
Verändere die Seitenlänge b so, dass die Konstruktionsaufgabe

a) zwei zueinander nicht kongruente Lösungen hat:

b = _____

b) keine Lösung hat: b = _____ .

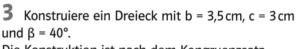

4 Entscheide, ob aus den gegebenen Stücken ein Dreieck eindeutig konstruierbar ist. Falls ja, gib den Kongruenzsatz an.

Größen	ja	Kongruenz-satz	nein
a) c = 6,2 cm; α = 102°; β = 84°	○		○
b) a = 11 cm; b = 9 cm; c = 0,3 dm	○		○
c) a = 6,4 cm; c = 4,6 cm; α = 55°	○		○
d) b = 5,7 cm; c = 7,3 cm; α = 65°	○		○
e) a = 4,6 cm; c = 6,4 cm; α = 55°	○		○
f) a = 28 mm; β = 73°; γ = 99°	○		○

5 Rechne im Kopf und gib das Ergebnis als vollständig gekürzten Bruch an.

a) $\frac{3}{4} : \left(-\frac{1}{4}\right)$ =

b) $\frac{3}{2} : \frac{3}{4}$ =

c) $(-5) : \frac{1}{3}$ =

d) $\left(-\frac{15}{2}\right) : 3$ =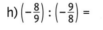

e) $\left(-\frac{3}{5}\right) : \left(-\frac{3}{4}\right)$ =

f) $-\frac{2}{5} : \frac{9}{10}$ =

g) $\frac{3}{5} : \frac{3}{4}$ =

h) $\left(-\frac{8}{9}\right) : \left(-\frac{9}{8}\right)$ =

6 Nach welchem Kongruenzsatz sind die beiden Teildreiecke kongruent zueinander?

a) _____

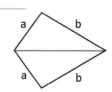

b) _____

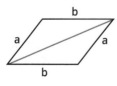

c) _____

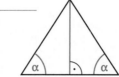

d) _____

Kongruenzsätze
sss: Seite – Seite – Seite
sws: Seite – Winkel – Seite
wsw: Winkel – Seite – Winkel
Ssw: Seite – Seite – Winkel,
wobei der Winkel der größeren
der beiden gegebenen Seiten
gegenüberliegen muss.

7 Handelt es sich um einen proportionalen oder einen antiproportionalen Dreisatz? Fülle die Tabellen aus.

a) Trockenlegen eines Kellers

Pumpen	Dauer in h
8	6
5	

_____ Dreisatz

b) Erlös eines Losverkaufs

Lose	Einnahmen in €
20	15
55	

_____ Dreisatz

c) Kekse backen

Anzahl Kekse	Gewicht in g
50	800
	240

_____ Dreisatz

8 Herr Schmidt erhält bei einem Zinssatz von 8 % für das Jahr 256 € an Zinsen. Wie hoch war das Kapital?

9 Familie Meier erhält nach zwei Jahren insgesamt 627,20 €. Der Zinssatz betrug 12 %. Berechne mithilfe der Rechentreppe das ursprüngliche Kapital.

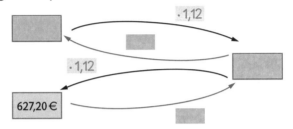

10 In diesem Jahr kaufte die Schule für 750 € Bücher für die Schülerbücherei. Im letzten Jahr wurden dafür 700 € ausgegeben. Wie viel Prozent gab die Schule dieses Jahr mehr aus? (Runde auf volle Prozent.)

Rechnung: _____

Dieses Jahr gab die Schule etwa _____ % mehr für die Schülerbücherei aus.

11 a) Berechne den Umfang der Frisbee-Scheiben.

A: U ≈ _____   B: U ≈ _____
b) Paul balanciert sein sich drehendes Frisbee A auf dem Zeigefinger. Es dreht sich 56-mal. Welche Strecke legt dabei der i-Punkt des Frisbees zurück?

_____

_____

A   B

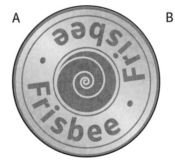

12 Konstruiere nebenstehende Figur.

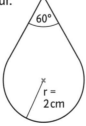

60°

×
r =
2 cm

× M

13 Berechne die Zinsen.

	Kapital	Zinssatz	Zinsen
a) ein Jahr	500 €	1,5 %	
b) ein halbes Jahr	4 000 €	3,5 %	
c) ein Monat	480 €	2,0 %	
d) ein Vierteljahr	720 €	1,25 %	

1 In einer Tüte Gummibärchen finden sich immer mehrere Farben. Piet hat eine Liste angefertigt:

Farbe	Rot	Gelb	Grün	Orange	Weiß
Piets Stichprobe	14	10	11	3	3
relative Häufigkeit					

deine Stichprobe					
relative Häufigkeit					

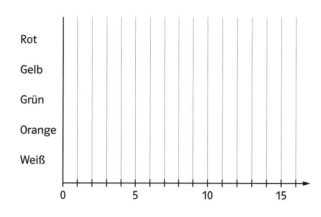

a) Piets Liste bezeichnet man als

_____skala.

b) In Piets Tüte befinden sich _____ Gummibärchen.
c) Berechne die relative Häufigkeit der einzelnen Farben in Prozent (mit einer Nachkommastelle) und trage sie in die Tabelle ein.
d) Zeichne das Balkendiagramm der absoluten Häufigkeiten.
e) Die durchschnittliche Farbaufteilung in einer Tüte Gummibärchen kannst du dem Kreisdiagramm entnehmen. Welche Anzahlen erwartest du, wenn sich in der Tüte 41 Gummibärchen befinden? Trage deine Werte am Kreisdiagramm ein.
f) Handelt es sich bei Piets Auszählung um eine repräsentative Stichprobe? Begründe.

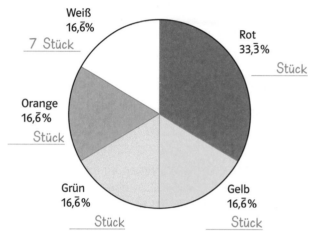

_____

_____

g) Besorge dir eine Tüte Gummibärchen und prüfe, ob deine Stichprobe repräsentativ ist, indem du die Werte in die Tabelle einträgst.

2 Frau Nordreich hat sich die Zeugnisnoten in Mathematik in ihrer Klasse 7c notiert:
1; 3; 3; 1; 2; 4; 4; 3; 2; 4; 2; 2; 2; 5; 6; 3; 3; 4; 5; 3; 3; 4; 1; 3; 3; 3; 3; 4; 4; 5
a) Ordne die Zahlen der Liste:

_____

b) In der Liste tauchen die Zahlen _____ auf. Die genannten Zahlen bilden die _____skala der Stichprobe. Trage die Notenanzahlen in die untere Tabelle ein.
c) Kann man die Verteilung der Noten auf die gesamte Jahrgangsstufe übertragen? _____
d) Frau Nordreich sagt: „Die Noten meiner Klasse sind repräsentativ für die gesamte Jahrgangsstufe." In der Jahrgangsstufe befinden sich 120 Schülerinnen und Schüler. Berechne die Notenverteilung für die gesamte Jahrgangsstufe, wenn Frau Nordreichs Bemerkung der Wahrheit entsprechen soll.

Note	1	2	3	4	5	6
Klasse 7c						
gesamte Schule						

1 Pia hat im letzten Jahr die Anzahl ihrer SMS pro Monat notiert.

Jan.	Febr.	März	April	Mai	Juni	Juli	August	Sept.	Oktober	Nov.	Dez.
43	24	125	112	48	251	175	128	85	65	89	35

a) Erstelle eine geordnete Liste mit der Anzahl der SMS und dem Monat.

Febr.											
24											

b) In der geordneten Liste kann man das Minimum (_____) und das Maximum (_____) ablesen und damit auch die Spannweite (_____) berechnen.

c) Da die Liste eine gerade Anzahl von Daten enthält, muss man den Zentralwert als Mittelwert der beiden Zahlen _____ und _____ berechnen. Er lautet _____.

d) Das gerundete arithmetische Mittel der Liste ist _____. _____ Zahlen liegen oberhalb, _____ Zahlen liegen unterhalb dieses Mittelwerts.

2 Jens, Ayse und Leon nehmen im Internet an einem Spielwettbewerb teil. In einer Vorrunde hat jeder acht Runden gespielt. Nur die drei besten Ergebnisse der Runden wurden gewertet.

a) Streiche in der Tabelle für jeden der drei die fünf schlechtesten Ergebnisse.

b) Berechne den Durchschnitt der verbliebenen Punkte für jeden der drei und trage ihn in die Tabelle ein.

c) Um eine Runde weiterzukommen, müssen sie mindestens den Durchschnitt von 111 Punkten erreichen.

Wer kommt weiter? _____

d) Letztes Jahr galten andere Regeln. Hier musste der Zentralwert der besten drei Runden mindestens 120 Punkte betragen. Umkreise jeweils den Zentralwert. Wer käme nach diesen Spielregeln weiter?

_____

	Runde 1	Runde 2	Runde 3	Runde 4	Runde 5	Runde 6	Runde 7	Runde 8	Durchschnitt
Jens	88	121	144	65	125	64	55	89	
Ayse	118	110	86	90	89	120	88	185	
Leon	100	84	160	85	82	110	74	105	

3 In zwei Parallelklassen wurde die gleiche Arbeit geschrieben. Vergleiche die Ergebnisse mithilfe des

a) Medians.   6a: _____   6b: _____

b) arithmetischen Mittels.   6a: _____   6b: _____

Note	1	2	3	4	5	6
6a	3	2	6	14	5	0
6b	0	4	10	13	3	0

Lagemaße (2)

1 In der Klasse 7c haben die Schülerinnen und Schüler ihre Körpergrößen gemessen:

157 cm · 142 cm · 150 cm · 170 cm · 160 cm · 162 cm · 168 cm
169 cm · 157 cm · 160 cm · 169 cm · 157 cm · 160 cm · 175 cm · 150 cm
155 cm · 149 cm · 158 cm · 161 cm · 156 cm · 160 cm · 159 cm

a) Erstelle aus den Werten eine geordnete Liste, indem du die Werte aufsteigend ordnest.

_____

_____

_____

_____

b) Der kleinste Wert (Minimum) lautet: _____ cm, der größte Wert (Maximum) ist _____ cm,

damit beträgt die Spannweite _____ cm.

c) Der Zentralwert der Daten ist _____ cm.

d) Es sind _____ Schülerinnen und Schüler in der Klasse, das arithmetische Mittel ist _____ cm.

(Benutze für diese Rechnung den Taschenrechner.)

e) _____ Daten liegen unterhalb des Mittelwerts, _____ liegen oberhalb des Mittelwerts.

2 Der Durchschnitt der Zahlen ist angegeben.
a) Leider ist eine Zahl verloren gegangen. Wie muss sie heißen?
b) Ordne die Zahlen der Größe nach und trage sie in die dritte Spalte ein.
c) Markiere Minimum und Maximum der Liste mit einem Quadrat, bestimme die Spannweite und den Median.

Durch-schnitt	Liste	geordnete Liste	Spann-weite	Median
19	9; 27; 10; 25;			
19	14; 34; 16; 18; 32;			
17	9; 28; 17; 27; 12; 15;			
17	22,6; 21,9; 22,4; 19,3; 17,9; 11,2;			

3 Bei einem Sportfest erzielt Hasan beim Kugelstoßen die aufgelisteten Werte.

Wurf	1	2	3	4	5
Wurfweite in m	7,65	6,50	7,50	6,90	7,70
Ranglistenplatz					

a) Minimum: _____ m, Maximum: _____ m, Spannweite: _____ m

Zentralwert: _____ m, arithmetisches Mittel: _____ m

b) Wie weit hätte Hasan bei seinem vierten Wurf werfen müssen, um eine durchschnittliche Wurfweite von 7,30 m zu erzielen? _____ m

1 Bei einer Untersuchung wurden Mädchen und Jungen befragt: „Wie viele Stunden pro Woche treibst du Sport?" Unten siehst du die ermittelten Ranglisten.

| Mädchen | 0 | 0 | 1 | 1 | 1 | 2 | 2 | 2 | 3 | 3 | 3 | 3 | 3 | 4 | 4 | 4 | 5 | 5 | 5 | 7 | 9 | |
| Jungen | 0 | 0 | 1 | 1 | 2 | 3 | 3 | 3 | 3 | 4 | 4 | 5 | 5 | 5 | 6 | 6 | 6 | 7 | 7 | 9 | 10 | 12 |

a) Insgesamt wurden ____ Mädchen und _____ Jungen befragt.

b) Teile die beiden Ranglisten farbig in Quartile ein. Ergänze dann die folgende Tabelle.

	Minimum	unteres Quartil	Zentralwert	oberes Quartil	Maximum
Mädchen					
Jungen					

c) Stelle jeweils den Boxplot für die Mädchen und die Jungen dar.

Mädchen

Jungen

2 Peter hat sich notiert, wie viele Kilometer er im Monat mit dem Rad unterwegs war.

Monat	1	2	3	4	5	6	7	8	9	10	11	12	Summe
Kilometer	60	100	80	180	220	260	280	240	300	120	80	80	

a) Berechne die Summe. Umkreise Minimum und Maximum.

b) Die Kilometerangaben belegen in der Rangliste die Plätze 1 bis _____.

Zur Berechnung des unteren Quartils multipliziert man _____ mit $\frac{1}{4}$ und

erhält _____. Deshalb muss man den Mittelwert aus Rangplatz 3 und 4 bilden: _____.

c) Bei der Bestimmung des Zentralwerts multipliziert man _____ mit $\frac{2}{4}$ $\left(=\frac{1}{2}\right)$ und erhält _____.

Der zu bildende Mittelwert ist _____.

d) Das obere Quartil erhält man, indem man _____

mit $\frac{3}{4}$ multipliziert: _____. Hier lautet der gesuchte

Wert _____.

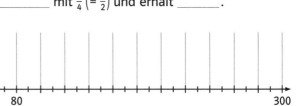

Statt „Viertel" wird oft der Begriff Quartil verwendet.

e) Zeichne den Boxplot und markiere die Spannweite der Daten.

3 Für die automatische Verpackung von Druckerpapier testet eine Firma zwei Maschinen. Beide Maschinen sollen 500 Blatt pro Paket verpacken. Stelle das Testergebnis in zwei Boxplots dar. Welche Maschine sollte gekauft werden? Begründe.

Blätter pro Paket	494	495	496	497	498	499	500	501	502	503	504	505	506
Anzahl Pakete Maschine A	19	33	50	29	16	14	15	11	3	3	3	2	2
Anzahl Pakete Maschine B	2	5	7	11	13	36	55	33	15	11	6	4	2

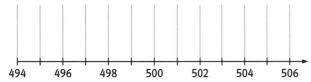

_____

_____

_____

Fülle die Lücken. Für jeden Buchstaben findest du einen Strich. Löse dann die Beispielaufgaben.

◼ Stichproben

Bei statistischen Erhebungen werden Daten gesammelt. Dabei ist die Stichprobe ein Teil der Gesamtheit der Daten. Ist die Verteilung in dieser Stichprobe _ _ _ _ _ _ _ _ _ _ gleich der Gesamtheit, so nennt man die Stichprobe

_ _ _ _ _ _ _ _ _ _ _ _ _ _ .

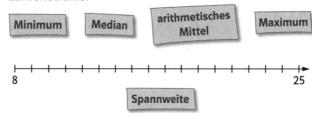

Stichprobe   Gesamtheit

◼ Ordnen von Daten

Handelt es sich bei den Daten um Zahlen, so kann

man sie mit einer _ _ _ _ _ _ _ skala ordnen. Lässt sich keine Reihenfolge angeben, so muss man eine

_ _ _ _ _ _ _ skala verwenden.

◼ Merkmal: 21, 13, 4, 11

Ordinalskala: _____

◼ Merkmal: Piet, Anna, Jan, Bea
Nominalskala (alphabetisch sortiert):

_____

◼ Lagemaße von Daten

Den häufigsten Wert nennt man _ _ _ _ _ wert, der kleinste Wert ist das Minimum, der größte Wert das Maximum; der Abstand beider Werte ist die

_ _ _ _ _ _ _ _ _ _ . Der Durchschnitt wird auch

_ _ _ _ _ _ _ _ _ _ _ _ _ _ Mittel genannt. Man erhält ihn, indem man alle Werte addiert und das Ergebnis durch die Anzahl der Werte dividiert. Der Wert in der Mitte der Rangliste ist der

_ _ _ _ _ _ _ _ _ _ (Median). Bei einer geraden Anzahl von Werten ist dies der Mittelwert der beiden mittleren Listenwerte.

◼ Rangliste: 9, 12, 12, 14, 16, 20, 23, 24

Modalwert: _____

Zentralwert: _____

Trage die Werte in den Zahlenstrahl ein und verbinde die passenden Kärtchen mit den Zahlen des Zahlenstrahls.

| Minimum | Median | arithmetisches Mittel | Maximum |

8   25

| Spannweite |

Markiere die Spannweite.

◼ Boxplots

Zunächst bestimmt man bei den geordneten Daten das Maximum und das Minimum. Der Median der unteren Hälfte, der Zentralwert und der Median der

oberen Hälfte teilen die Liste der Daten in _ _ _ _ Bereiche auf, in denen sich fast gleich viele Werte befinden.
Der Boxplot zeigt die Verteilung der Daten. In der Box liegt etwa die Hälfte der Daten, im Bereich der Antennen liegen oben und unten jeweils etwa ein Viertel der Daten.

◼ Ordne die Fachbegriffe den richtigen Stellen zu.

| Minimum | | Zentralwert | Median der oberen Hälfte |
| Median der unteren Hälfte | | Maximum |

Boxplot zur Rangliste

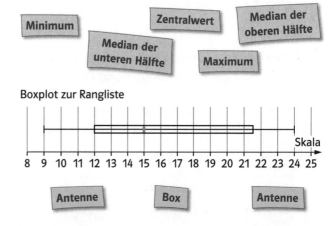

| Antenne | Box | Antenne |

Terme aufstellen und berechnen (1)

1 Bilde einen Term. Wie du die Variable nennst, kannst du selbst bestimmen.

a) Verringere eine Zahl um 12.

_____

b) Gesucht ist der Vorgänger einer natürlichen Zahl.

_____

c) Verdreifache eine Zahl.

_____

d) Dividiere eine Zahl durch − 6.

_____

e) Dividiere eine Zahl durch − 7, addiere dann 3,18.

_____

f) Subtrahiere eine Zahl von 15.

_____

2 Bilde auch hier einen Term.

a) die Hälfte der Differenz aus x und 1,7:

_____

b) das Vierfache der Summe aus $\frac{1}{2}$ und a:

_____

c) Das Produkt aus 3 und b halbiert:

_____

d) das Doppelte der Summe aus z und 4:

_____

e) ein Drittel der Differenz aus n und 12:

_____

f) das Fünffache des Quotienten aus x und 2,5:

_____

3 Stelle für die Gesamtlänge der schwarzen Linie einen Term auf.

a)   b)

_____   _____

4 Zeichne einen Streckenzug, dessen Gesamtlänge durch den Term 2d + 4e gegeben ist.

5 Zu jedem Term gehört eine der vier Rechenvorschriften. Welche ist die richtige?

a) (x + 3) · 3 − 3   _____

b) (3 · x − 3) + 3   _____

c) (x + 3) : 3 + 3   _____

A | x ⟶ addiere 3 ⟶ dividiere durch 3 ⟶ addiere 3

B | x ⟶ addiere 3 ⟶ multipliziere mit 3 ⟶ subtrahiere 3

C | x ⟶ multipliziere mit 3 ⟶ addiere 3 ⟶ subtrahiere 3

D | x ⟶ muitipliziere mit 3 ⟶ subtrahiere 3 ⟶ addiere 3

6 Ordne der Beschreibung den richtigen Term zu.
Umkreise den zugehörigen Buchstaben und du erhältst ein Lösungswort: _____

die Zahl vervierfachen und vom Ergebnis 12 abziehen	R | 4 · (x − 12)	L | 4 · x − 12
die Differenz aus 108 und der Summe aus 45 und einer Zahl	L | 108 − (45 + x)	E | (108 − 45) + x
zu 234 die gedachte Zahl addieren und das Ergebnis durch 3 dividieren	A | (234 + x) : 3	I | 234 + x : 3
zu − 23 das Fünffache der Zahl addieren	B | − 23 + 5 · x	N | − (23 + 5) · x
die Differenz aus 4,5 und dem dritten Teil der gedachten Zahl	F | (4,5 − x) : 3	S | 4,5 − x : 3
vom Quotienten aus 45 und der gedachten Zahl 15 subtrahieren	S | 45 : x − 15	E | 45 : 15 − x
der dritte Teil der Differenz aus dem Doppelten der Zahl und 4	U | (2 · x − 4) : 3	L | 2 · x − (4 : 3)
das Zweieinhalbfache der Zahl um 7 verringern	S | 2,5 · (x − 7)	F | 2,5 · x − 7

Terme aufstellen und berechnen (2)

1 Berechne die Werte der Terme.

x	$3x - 5$	$-x + 3$	$5 - \frac{1}{2}x$	$(x + 4) \cdot 2$
2	$3 \cdot 2 - 5 = 1$	$-2 + 3 = 1$	$5 - \frac{1}{2} \cdot 2 = 4$	$(2 + 4) \cdot 2 = 12$
$\frac{1}{4}$				
-2				
3,6				
-12				

2 Welcher Wert wurde für die Variable y gewählt?

a)

y				
$4y - 1$	3	1	-5	19

b)

y				
$\frac{1}{4}y + 3$	4	3	2,75	3,5

c)

y				
$4 - 2y$	6	-4	4	3

3 Welcher Term passt zur Tabelle?

$2x^2 + 2$ $2x - 1$ $4x + 2$ $2x^2 - 2$ $4x - 2$ $4 - \frac{1}{2}x$

a)

x		2	0	$\frac{1}{2}$	-6
Term:		3	-1	0	-13

b)

x		2	0	$\frac{1}{2}$	-6
Term:		3	4	3,75	7

c)

x		2	0	$\frac{1}{2}$	-6
Term:		10	2	2,5	74

d)

x		2	0	$\frac{1}{2}$	-6
Term:		10	2	4	-22

4 Die Klasse 7b verkauft beim Schulfest Softeis mit und ohne Sahne.

	Einkaufs-preis	Verkaufs-preis
Portion Eis	40 ct	60 ct
Portion Sahne	20 ct	40 ct

a) Berechne den Gewinn, wenn 124 Eistüten ohne Sahne verkauft werden.

b) Stelle einen Term auf für den Fall, dass x Portionen verkauft werden.

c) Stelle einen Term auf für den Gewinn der 7b, wenn x Portionen ohne und halb so viele mit Sahne verkauft werden.

5 Löse das Kreuzzahlrätsel.

Waagerecht:

A	$a \cdot 272$	$a = 3$
C	$x \cdot (-19 + 101)$	$x = 2$
G	$17 \cdot h + 180$	$h = 32$
I	$2452 : q + 5981$	$q = 0,4$
K	$-n \cdot 122$	$n = -2,5$
M	$7 : x + 4$	$x = \frac{1}{4}$
O	$a \cdot 150 + 1$	$a = 0,4$
Q	$95 \cdot b - 38$	$b = 5$
R	$2 \cdot 7 \cdot x - (-6)$	$x = 9$

Senkrecht:

A	$16 \cdot b + 732$	$b = 5$
B	$3 \cdot a + 28$	$a = -4$
D	$-x + 76$	$x = 7$
E	$818 : m$	$m = 2$
F	$3025 : x$	$x = 0,25$
G	$(-952) : y + 247$	$y = -2$
H	$9 \cdot m - 8$	$m = 47$
J	$(-13) \cdot p - 13$	$p = -19$
L	$12 \cdot (-z)$	$z = -26$
N	$2 \cdot (b + 4) + 1$	$b = 7$
O	$(-7) \cdot 3 \cdot (-c)$	$c = 3$

Terme umformen (1)

1 Die Buchstaben sind aus Strecken der Länge a und b entstanden.

a) Stelle für jeden Buchstaben den Term zur Berechnung der Gesamtlänge auf.

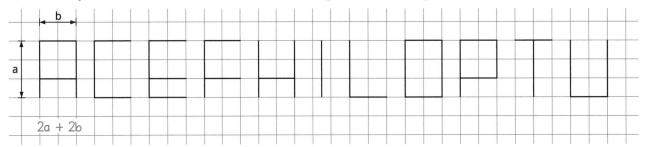

2a + 2b

b) Stelle die Terme für die Gesamtlänge folgender Wörter auf und vereinfache.

LOCH $a + b + 2a + 2b + a + 2b + 2a + b = 6a + 6b$

LEUCHTE _____

FEILE _____

PFAU _____

c) a sei 1,5-mal so lang wie b, d.h. a = 1,5 · b. Bestimme nun die Gesamtlänge der Nomen, indem du a durch 1,5 b ersetzt.

LOCH $6a + 6b = 6 \cdot 1{,}5 \cdot b + 6b = 9b + 6b = 15b$

LEUCHTE _____

FEILE _____

PFAU _____

d) Finde ein Wort, dessen Gesamtlänge durch den Term 4a + 6b gegeben ist. _____

e) Tina hat ein Wort mit der Gesamtlänge 6a + 13b gefunden. Findest du eines, in dessen Gesamtlänge b häufiger vorkommt? _____

2 Vereinfache den Term.

a) $2r - r + 3r =$ _4r_

b) $2{,}04 \cdot k + 0{,}3k + 7 \cdot k - 3{,}1k =$ _____

c) $3x - x + 4x - 2x - 5x =$ _-1x_

d) $-\frac{1}{2}a + \frac{3}{2} \cdot a - 3 \cdot a =$ _____

e) $2{,}3x - 0{,}8 + 3x =$ _4,5x_

f) $7t - t \cdot \frac{1}{2} + \frac{1}{4}t =$ _____

g) $y - \frac{2}{5} \cdot y - 0{,}2y =$ _____

h) $-\frac{1}{4}a + \frac{1}{2}a - \frac{3}{4}a + a =$ _____

3 Fülle die Lücken.

a) $7 \cdot a + 4a -$ _____ $= 9a$

b) $-3m - m +$ _____ $- 2m = -5m$

c) _____ $+ 2a - 5a = 4a$

d) _____ $- x + 12 = x + 12$

e) $24x -$ _____ $- 17x = x$

f) $2a - 4{,}5 + 3a +$ _____ $+$ _____ $= 7a - 4$

4 Addiere und fasse zusammen.

+	4 · x	x − 8,2	0,4 − $\frac{2}{5}$x	$\frac{1}{2}$x + 13	−6,6x + 1	27 − 0,2x
12x + 3	16x + 3					
x + 1						
7x − 3,01						

Terme umformen (2)

1 Die folgenden Terme wurden mithilfe des Kommutativgesetzes (K) und des Assoziativgesetzes (A) gleichwertig umgeformt. Gib das jeweils verwendete Gesetz in den Kästchen an und vereinfache.

a) $(5 \cdot z) \cdot z = 5 \cdot (z \cdot z) = $ _____ ☐

b) $(x \cdot 3) \cdot (-2) = x \cdot (3 \cdot (-2)) = $ _____ ☐

c) $(2 + 2 \cdot y) + 4y = 2 + (2y + 4y) = $ _____ ☐

d) $(-3) \cdot a \cdot 4 = (-3) \cdot 4 \cdot a = $ _____ ☐

2 Multipliziere aus.

a) $5 \cdot (x + 2) = $ _____

b) $0,5 \cdot (2 - 2x) = $ _____

c) $-2 \cdot (3 + x) = $ _____

d) $(4x - 2,4) \cdot \left(-\frac{1}{2}\right) = $ _____

e) $(-x + 2) \cdot (-4) = $ _____

f) $(3y - 4,2) \cdot (-1) = $ _____

3 Klammere den angegebenen Faktor aus. Das Gesetz, das du hier anwendest, heißt

_____ .

Faktor	Term	äquivalenter Term
3	$3x - 6$	$3 \cdot (x - 2)$
$\frac{1}{3}$	$\frac{1}{3} - \frac{2}{3}x$	
-2	$8 - 4x$	
-1	$-3x - \frac{1}{2}$	
$0,5$	$2,5x - 4,5$	
$-\frac{1}{4}$	$\frac{3}{4} - \frac{2}{4}x$	
16	$x \cdot 144 - 48$	

4 Fülle die Lücken so, dass ein äquivalenter Term entsteht.

Term	äquivalenter Term
$7x - 14$	▭ $\cdot$ (x − ▭)
$12 - 3x$	(4 − ▭) $\cdot$ ▭
$6a - $ ▭	$2 \cdot ($ ▭ $a - 8)$
$12 - 4b$	▭ $\cdot$ (b − ▭)
▭ $+ 1,5$	▭ $\cdot (2a + 1)$
$-5y - 125$	▭ $\cdot ($ ▭ $+ 25)$
$\frac{1}{2}x - 1,5$	▭ $\cdot$ (x − ▭)

5 Klammere einen gemeinsamen Faktor aus.

a) $8 + 12x = $ _____

b) $2 - 4x = $ _____

c) $2,5 - 5x = $ _____

d) $-8 + 24x = $ _____

e) $\frac{2}{3}x + \frac{1}{3} = $ _____

f) $\frac{4}{6} - \frac{1}{6}x = $ _____

6 Vereinfache den Term durch Zusammenfassen und Ausmultiplizieren. Du erhältst ein

Lösungswort: _____ .

a) $3(2x - 4 + x) = $ _____

b) $(4x - 2 - x) \cdot 3 = $ _____

c) $-3 \cdot (4x - x + 2) = $ _____

d) $(-4x + x - 2) \cdot (-3) = $ _____

| $9x - 6 \mid N$ | $-9x + 12 \mid T$ | $-9x - 6 \mid D$ | $9x + 12 \mid I$ | $6x - 9 \mid M$ | $9x - 12 \mid E$ | $9x + 6 \mid E$ |

7 Peter, das Mathe-Ass, behauptet: Wenn ich zwei aufeinanderfolgende ungerade Zahlen, z. B. 11 und 13, addiere, so ist das Ergebnis (hier $24 = 2 \cdot 12$) immer eine gerade Zahl.

a) Finde drei weitere Beispiele, um Peters Behauptung zu unterstützen.

_____

b) Formuliere Peters Rechnung allgemein. Wähle dazu für die kleinere Zahl die Variable x. Dann heißt die

darauf folgende ungerade Zahl _____ . Die Summe der beiden Zahlen ergibt sich als _____ .

Nun kannst du _____ ausklammern: _____ . Fertig.

Gleichungen lösen

1 Welche Lösung passt zu welcher Gleichung? Die Buchstaben auf den Verbindungslinien ergeben ein Lösungswort.

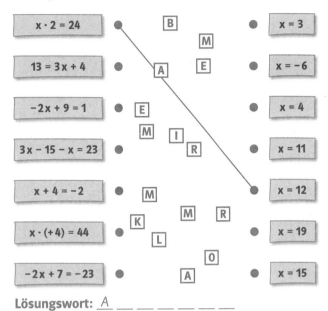

Gleichung		Lösung
x · 2 = 24	B M	x = 3
13 = 3x + 4	A E	x = -6
-2x + 9 = 1	E M I	x = 4
3x - 15 - x = 23	M R	x = 11
x + 4 = -2	M M R	x = 12
x · (+4) = 44	K L O	x = 19
-2x + 7 = -23	A	x = 15

Lösungswort: A _ _ _ _ _ _

2 Löse die Aufgaben durch Probieren. Von jeder Lösung gibt die Zehnerstelle die Spalte und die Einerstelle die Zeile an. So findest du die Lösungsbuchstaben.

a) 3x = 99;   x = _____

b) a – 19 = 22;   a = _____

c) y + 3 = 18;   y = _____

d) z : 2 = 27;   z = _____

e) 13 + x = 47;   x = _____

f) x : 7 = 2;   x = _____

g) 4x + 2 = 46;   x = _____

h) 2x – 5 = 35;   x = _____

i) n – 18 = 4;   n = _____

j) 17 – 2p = –83; p = _____

	0	1	2	3	4	5
5	S	W	Z	I	L	A
4	A	U	L	G	Ö	E
3	U	E	M	B	F	O
2	O	R	E	H	P	T
1	P	N	I	K	E	U
0	A	N	G	D	K	N

Lösungswort: _ _ _ _ _ _ _ _ _ _

3 Eine Zahl ist gesucht.

a) Das Vierfache der Zahl ergibt 24. Gleichung: $4x = 24 \;|\; :4 \;|\; x = 6$; x = 6

b) Der dritte Teil der Zahl ergibt 17. Gleichung: _____ ; x = _____

c) Das Doppelte der Zahl, um 3 erhöht, ergibt 23. Gleichung: _____ ; x = _____

d) Die Zahl um 3 vermehrt ergibt –5. Gleichung: _____ ; x = _____

4 Das Mobile ist im Gleichgewicht. Drücke das Gewicht der Dreiecke (d) durch das der Kreise (k) aus. Stelle dazu erst eine Gleichung auf und löse sie dann.

a)   b)   c)   d)

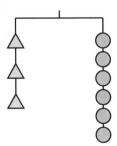   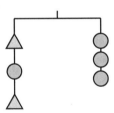   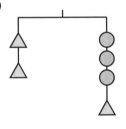   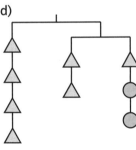

3d = 6k   _____   _____   _____

d = _____   d = _____   d = _____   d = _____

5 Torsten hat bei den Bundesjugendspielen doppelt so viele Punkte wie sein Freund Andreas. Zusammen kommen sie auf 1950 Punkte.

Wenn Andreas x Punkte erreicht hat, dann hat Torsten _____ Punkte.

Zusammen haben sie _____ Punkte. Gleichung: _____

Antwort: _____

Äquivalenzumformungen bei Gleichungen (1)

1 Die Waage ist im Gleichgewicht. Löse wie im Beispiel.

a)

b)

c)

d)

$x + 2 = 12$

$x = 10$

2 Stelle die Gleichung zeichnerisch dar. Schreibe die Lösung unter die Waage.

a) $3x + 3 = 12$

x = _____

b) $2x = x + 8$

x = _____

c) $2x + 12 = 3x + 8$

x = _____

d) $2(x + 1) = 12$

x = _____

3 Löse wie im Beispiel.

a) $\underline{x - 18 = 12 \mid + 18}$

$\quad\quad x = 30$

Probe: $30 - 18 = 12$

d) $a : (-4) = 12$

Probe: _____

b) $z - 0,5 = -3,6$

Probe: _____

e) $\frac{1}{2}x \cdot 5 = 10$

Probe: _____

c) $y \cdot 4 = 32$

Probe: _____

f) $b : \frac{1}{4} = -8,8$

Probe: _____

4 Löse die Gleichungen in deinem Heft. Male die Ergebnisfelder an.

a) $\frac{1}{3}x = 1$ x = ____

b) $-\frac{x}{2} + 4 = -16$ x = ____

c) $4x - 21 = 51$ x = ____

d) $-4x + 3 = x + 18$ x = ____

e) $5x - 49 = 86$ x = ____

f) $x + \frac{1}{4} = -\frac{1}{4}$ x = ____

g) $117 = 8x - 35$ x = ____

h) $100 - 9x - 23 = 5 - x$; x = ____

i) $9x - 489 = -12$ x = ____

j) $0 = 0,5x - 12$ x = ____

k) $12x + 17 - 6x = 77$ x = ____

l) $\frac{1}{3} - \frac{1}{2}x = -\frac{1}{6}$ x = ____

m) $69 = 18 + 12x - 9 - 9x$; x = ____

n) $x + 4 = 2x - 1$ x = ____

o) $35 - x + 4 = 27$ x = ____

p) $-\frac{3}{4} - 3x = 5\frac{1}{4}$ x = ____

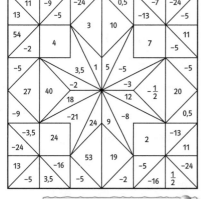

Tipp: Wenn du unsicher bist, führe die Probe durch.

5 a) Der PC kostet mit Monitor 650 €. Der Monitor kostet 300 € weniger als der Computer.

x steht für: _____

Gleichung: _____

Antwort: _____

b) Subtrahiere 1 vom Dreifachen der Zahl, nimm dann das Ergebnis mit 4 mal und du erhältst 32.

x steht für: _____

Gleichung: _____

Antwort: _____

1 Rahme die Fehler rot ein und schreibe die Verbesserung neben die Aufgabe.

a) $5x - 8 = -2$ $|+8$

　　$5x = \boxed{-10}$ $|:5$ $\underline{5x = 6 \quad |:5}$

　　$x = \boxed{-2}$ $\underline{x = \frac{6}{5}}$

b) $-24 = \frac{1}{3}x + 21$ $|-21$

　　$-45 = \frac{1}{3}x$ $|:3$ _____

　　$15 = x$ _____

c) $-16 - 2x = 38$ $|+16$

　　$-2x = 54$ $|:2$ _____

　　$x = 27$ _____

d) $4(x + 5) = 2(4x + 11) - 2$ $|$vereinfachen

　　$4x + 20 = 8x + 20$ $|-4x$ _____

　　　$20 = 4x + 20$ $|-20$ _____

　　　$40 = 4x$ $|:2$ _____

　　　$x = 10$ _____

e) $2x + 20 = x - 24$ $|-x$

　　$x + 20 = -24$ $|-20$ _____

　　　$x = -4$ _____

2 Löse die Gleichungen mithilfe von Äquivalenzumformungen. Schreibe die einzelnen Schritte neben die Gleichung.

a) $x - 12 = -8$ $|\underline{+12}$

　　$\underline{x = 4}$

b) $\frac{1}{2} + x = -\frac{1}{2}$ $|\underline{-\frac{1}{2}}$

　　$\underline{x = -1}$

c) $x \cdot 4 = -10$ $|\underline{:4}$

　　$\underline{x = 2\frac{1}{2}}$

d) $6 - \frac{1}{2}x = 5$ $|\underline{-6}$

　　$-\frac{1}{2}x = -1$ $|:\frac{1}{2}$

　　$x = 2$

e) $8x + 3 = 7$ $|\underline{-3}$

　　$8x = 4$ $|:8$

　　$x = \frac{4}{8} = \frac{2}{4} = \frac{1}{2}$

f) $8x - 5x = -12$ $|$_____

　　$3x = -12$ $|:3$

　　$x = -4$

g) $35 - (x + 6) = 22$ $|$_____

_____

h) $\frac{x}{2} + 49 = -\frac{x}{8} - \frac{x}{4}$ $|$_____

_____

i) $2 \cdot (4x + 3) = 4x - 18$ $|$_____

_____

3 Herr Klug und Herr Schlau möchten sich treffen. Da sie 540 km voneinander entfernt wohnen, fährt Herr Klug bereits um 8 Uhr los. Gemächlich fährt er mit seinem alten Auto 60 km pro Stunde. Herr Schlau startet erst zwei Stunden später, fährt aber durchschnittlich 80 km pro Stunde.

a) Wie lang ist Herr Klug unterwegs, bis sich die beiden treffen?

Herrn Klugs Fahrzeit: x _____   Herrn Schlaus Fahrzeit: _____

Zurückgelegter Weg von Herrn Klug _____ und von Herrn Schlau _____

Zusammen haben sie nach x Stunden _____ Kilometer

zurückgelegt. Gleichung: _____

_____

Antwort: _____

b) Wie viele Kilometer hat Herr Schlau dann zurückgelegt?

_____

4 Stelle die Gleichung auf und löse sie. (Tipp: Beschrifte erst die Planskizze.)
Ein Rechteck ist doppelt so lang wie breit. Sein Umfang beträgt 102 cm.
Berechne Länge und Breite.

Planskizze:

Gleichung: _____

_____

Problemlösen mit Gleichungen

1 Eine Aufgabe wird in vier Schritten gelöst. Findest du die richtigen Zeilen in jedem der vier Schritte? Markiere sie. Wenn du alle Zahlen addierst, die neben auszuführenden Arbeitsschritten stehen, erhältst du 326.

Aufgabe: Ein Fuchs verfolgt einen Hasen, der 150 Fuß Vorsprung hat. Der Hase macht zwei Fuß weite Sprünge, während der Fuchs doppelt so weit springt. Nach wie vielen Sprüngen holt der Fuchs den Hasen ein?

A   Verstehen der Aufgabe:

- Der Hase läuft 150 Fuß vor dem Fuchs. **34**
- Fuchs und Hase starten zur gleichen Zeit. **17**
- 1 Fuß = _____ m **22**
- Pro Sprung legt der Hase 2 Fuß zurück. **−4**
- Der Fuchs hat ein rotes Fell. **17**
- Pro Sprung legt der Fuchs 4 Fuß zurück. **44**
- Wann hat der Fuchs den Hasen überholt? **8**
- Nach wie vielen Sprüngen befinden sich Fuchs und Hase an der gleichen Stelle? **19**

B   Ausdenken eines Plans:

- Zahlenbeispiel: Nach 10 Sprüngen hat der Hase 150 Fuß + 20 Fuß zurückgelegt. Der Fuchs ist dann 40 Fuß weit gekommen. **72**
- x steht für den zurückgelegten Weg. **−15**
- x steht für die Anzahl der Sprünge. **3,5**
- Weg des Hasen: 150 + 2x **7,5**
- Weg des Hasen: 150 + x **12**
- Weg des Fuchses: 150 − 4x **56**
- Weg des Fuchses: 4x **23**
- Gleichung: 150 + 2x = 4x **81**
- Ungleichung: 150 + 2x < 4x **39**

D   Rückschau:

- Antwortsatz: Nach 75 Fuß hat der Fuchs den Hasen eingeholt. **17**
- Antwort: Nach 75 Sprüngen läuft der Fuchs vor dem Hasen. **−9**
- Antwort: Nach 75 Sprüngen holt der Fuchs den Hasen ein. **−7**
- Antwort: Nach 75 Sprüngen frisst der Fuchs den Hasen. **−8**
- Probe: 150 + 2 · 75 = 300 und 4 · 75 = 300 **12**
- Die Rechnung ist richtig. **39**
- Fuchs und Hase halten 75 Sprünge kaum durch. **23**
- Das Ergebnis scheint realistisch. **17**
- Bei der Aufgabe war unberücksichtigt geblieben, dass ein verfolgter Hase Haken schlägt. **−7**

C   Durchführen des Plans

- Ich kann die Gleichung durch Äquivalenzumformungen lösen. **−34**
- 150 + 2x = 4x | −2x **12**
- 150 = 6x | : 6 **92**
- 25 = x **11**
- 150 = 2x | : 2 **40**
- 75 = x **−26**

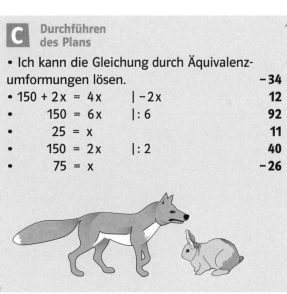

2 Oft sind Skizzen beim Ausdenken eines Lösungsplans hilfreich. Ordne den Aufgaben die zugehörigen Skizzen zu, streiche die falsche Skizze durch. Fülle die Lücken und löse dann die Aufgaben in deinem Heft.

a) Verlängert man die Seiten eines Quadrats um 10 cm, so verdreifacht sich sein Umfang.

Skizze: _____   Ergebnis: _____

b) Eine 2,1 m lange Holzlatte wird in drei Teilstücke zersägt. Das zweite ist doppelt so lang wie das erste, das dritte noch mal doppelt so lang wie das zweite. Skizze: _____   Ergebnis: _____

c) Die vierte Seite eines Vierecks ist um 1 cm länger als die dritte. Die zweite Seite ist um 1 cm kürzer als die dritte und die erste wiederum um 1 cm kürzer als die zweite. Der Umfang des Vierecks beträgt 66 cm.

Skizze: _____   Ergebnis: _____

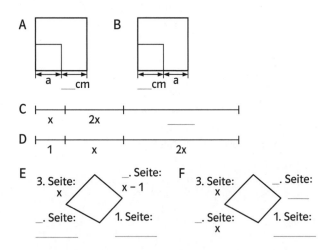

Fülle die Lücken. Für jeden Buchstaben findest du einen Strich. Löse dann die Beispielaufgaben.

■ Terme

Terme sind Rechenausdrücke aus _ _ _ _ _ _ , Rechenzeichen und

manchmal enthalten sie auch _ _ _ _ _ _ _ _ _ .

Ersetzt man in einem Term die Variable durch eine Zahl, so erhält man

den _ _ _ _ des _ _ _ _ _ _ .

Ergeben zwei Terme beim Ersetzen der Variablen durch Zahlen immer

den gleichen Wert, dann nennt man sie _ _ _ _ _ _ _ _ _ _ .

■ Stelle einen Term auf für den Umfang der Figur.

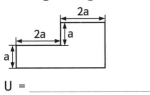

$U =$ _____

$=$ _____

■ Terme umformen

Beim Umformen von Termen werden vor allem folgende drei Rechengesetze angewandt:

Das **Kommutativgesetz**: $a + b = b + a$ $a \cdot b = b \cdot a$

Das **Assoziativgesetz**: $a + (b + c) = (a + b) + c$
$a \cdot (b \cdot c) = (a \cdot b) \cdot c$

Das **Distributivgesetz**
Ausmultiplizieren: $a \cdot (b + c) = a \cdot b + a \cdot c$

$a \cdot (b - c) = a \cdot b - a \cdot c$ oder umgekehrt

_ _ _ _ _ _ _ _ _ _ _ : $a \cdot b \pm a \cdot c = a \cdot (b \pm c)$

Verkürzte Schreibweisen: $2 \cdot x = 2x$ $1x = x$ $-1x = -x$

■ $3{,}2 + y + 1{,}8 + 2y$

$= 3{,}2 +$ ___ $+$ ___ $+$ ___ $=$ ___

■ $2{,}4 + (3{,}6 + x)$

$= (2{,}4 +$ ___ $) +$ ___ $=$ ___

■ $4 \cdot (2{,}5 \cdot x)$

$= (4 \cdot$ ___ $) \cdot$ ___ $=$ ___

■ $4 \cdot (2{,}5 + x)$

$= 4 \cdot$ ___ $+$ ___ $\cdot$ ___ $=$ _____

■ Lösen von Gleichungen

Kann man für die Variable eine Zahl einsetzen, sodass der rechte und linke Term der Gleichung den gleichen Wert ergeben, heißt diese Zahl Lösung der Gleichung.

$3x + 7 = 23 + x$

x = 8 heißt **Lösung der Gleichung**.
Die Menge L aller Lösungen der Gleichung heißt **Lösungsmenge**:
L = {8}
Die Menge aller erlaubten Einsetzungen heißt **Grundmenge G**.

■ $7x - 1 = 3x + 7$; für $x =$ ___ haben der linke und der rechte

Term den gleichen Wert: ___ .

linker Term	rechter Term
$7 \cdot$ ___ $- 1$	$3 \cdot$ ___ $+ 7$
$=$ _____	$=$ _____

$L =$ _____

■ Äquivalenzumformungen

Die Lösungsmenge einer Gleichung ändert sich bei der Anwendung

von _ _ _ _ _ _ _ _ _ _ _ umformungen nicht. Mit ihnen wird eine Gleichung vereinfacht, bis die Lösung abgelesen werden kann.
Dabei darf man
• auf beiden Seiten den gleichen Term addieren/subtrahieren.
• beide Seiten mit dem gleichen Term (außer mit 0) multiplizieren.
• beide Seiten durch den gleichen Term (außer durch 0) dividieren.

$3x + 7 = 23 + x$ | ___

$2x + 7 = 23$ | ___

$2x =$ ___ | ___

$x =$ ___

■ $8x - (5 + 2x) = 3(x + 3) + 1$

_____ $=$ _____

_____ $=$ _____ | ___

_____ $=$ _____ | ___

_____ $=$ _____ | ___

$x = 5$; $L =$ _____

Probe:

$40 - (5 +$ _____ $) = 3 \cdot 8 + 1$

_____ $=$ _____

1 Finde die Aufgaben zu den Ergebnissen. Du musst die Kärtchen mehrfach verwenden.

a) _____ · _____ = 28,35

b) _____ + _____ + _____ = −17,33

c) 2 · (_____ + _____) = 58,22

d) 2 · _____ − _____ = −11,02

15,13   −5,25   −5,4

−1,06   13,98   −11,02

2 Berechne im Heft, kürze vor dem Multiplizieren.

a) $\frac{1}{4} \cdot \left(-\frac{2}{5}\right) \cdot \left(\frac{5}{3}\right) =$

b) $\left(-\frac{3}{4}\right) \cdot \left(-\frac{2}{5}\right) \cdot \left(-\frac{10}{3}\right) =$

c) $3 \cdot \left(-\frac{1}{6}\right) \cdot \left(-\frac{7}{2}\right) =$

d) $\left(-\frac{1}{2}\right) \cdot \left(-\frac{1}{3}\right) \cdot \left(-\frac{1}{4}\right) =$

e) $-\frac{5}{6} \cdot \frac{2}{15} \cdot \left(-\frac{1}{3}\right) =$

f) $\frac{2}{3} \cdot \frac{4}{5} \cdot \left(-\frac{6}{7}\right) =$

3 Ergänze.

a) $\frac{3}{4} : \square = \frac{3}{20}$

b) $\frac{16}{17} : (-4) = \frac{\square}{17}$

c) $\square \cdot \frac{3}{17} = \frac{-15}{17}$

d) $\frac{\square}{32} \cdot (-5) = \frac{25}{32}$

e) $\frac{-2}{9} : \square = \frac{2}{27}$

f) $7 \cdot \frac{-4}{33} = \frac{\square}{33}$

g) $\frac{1}{\square} : 4 = -\frac{1}{12}$

h) $\frac{12}{13} : 9 = \frac{\square}{39}$

i) $\frac{-1}{50} \cdot \square = \frac{-3}{10}$

4 Bei dieser Aufgabe gibt es zwei Lösungen. Gesucht ist ein Dreieck mit den Seiten a = 2 cm, b = 3 cm und α = 30°. Beschrifte die Planfigur und zeichne beide Lösungsdreiecke. Miss zur Kontrolle die Länge der dritten Seite millimetergenau:

$c_1 =$ _____ mm, $c_2 =$ _____ mm

5 a) Konstruiere ein rechtwinkliges Dreieck mit c = 5,2 cm und γ = 67°. Die Seite a liegt dem rechten Winkel gegenüber. Markiere zuerst die gegebenen Stücke in der Planfigur.

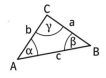

b) Konstruiere ein gleichseitiges Dreieck mit a = 2,5 cm.

6 Entscheide, ob die Zuordnungen proportional oder umgekehrt proportional sind. Berechne dann.

a) Wenn ein Gewinn an acht Personen ausgezahlt wird, erhält jeder 4130 €. Wenn der Gewinn nur an sieben Mitspieler ausgezahlt wird, bekommt jeder

_____ €. Der Gesamtgewinn beträgt

_____ €. Die Zuordnung

ist _____ .

b) Robert fährt mit seinem Auto in den Urlaub. Er fährt insgesamt 263 km. Für die ersten 150 km braucht er 80 Minuten. Wenn er dieses Tempo beibehält, schafft er die gesamte Strecke in insgesamt

_____ .

Die Zuordnung ist _____ .

c) Karl packt sieben Kisten mit je fünf Fußbällen in 15 Minuten. Nach sechs Stunden Arbeitszeit sind

_____ Kisten versandfertig. Die Zuordnung ist _____ .

7 Bestimme den Flächeninhalt.

Münze	Radius	Durchmesser	Flächeninhalt
1 ct		16,25 mm	
1 €		23,25 mm	
2 €		25,75 mm	

8 Eine Schule möchte einen neuen Beamer für den Computerraum kaufen. Ihr liegen insgesamt drei Angebote vor. Berechne jeweils den Verkaufspreis.

a) 500 €, abzüglich 25 % Rabatt

_____

_____

b) 350 €, abzüglich 2 % Ermäßigung

_____

_____

c) 400 €, zuzüglich 19 % Mehrwertsteuer

_____

_____

Die Schule sollte Angebot _____ wählen.

9 Eine CD hat einen Durchmesser von 12 cm oder von 8 cm (Mini-CD). Berechne den Umfang.

U_{CD} = _____

$U_{Mini\text{-}CD}$ = _____

10 Die Diagonale eines Rechtecks ist 4,4 cm lang, eine Seitenlänge beträgt 1,5 cm. Zeichne das Rechteck.

11 Nach wie vielen Jahren verdoppeln sich 1000 €, wenn sie zu 10 % angelegt sind und die Zinsen nicht abgehoben werden?
a) Der Zinsfaktor beträgt

_____ .

b) Trage die Ergebnisse in die Rechentreppe ein.

Es dauert _____ Jahre.
c) Peter behauptet, dass es mit dem doppelten Kapital nur halb so lange dauert. Überprüfe das mit einer zweiten Rechentreppe. Peters Behauptung ist

_____ .

12 Vereinfache den Term.

a) $3x - x - 5 =$ _____

b) $-3{,}5 \cdot k + 0{,}5k + 4 \cdot k - 3{,}4k =$ _____

c) $-12y + 3y - 6 + 2y - \frac{1}{2}y =$ _____

d) $\frac{1}{2}n + 1{,}5 \cdot n - 3 \cdot n =$ _____

13 Multipliziere aus; fasse, wo möglich, zusammen.

a) $2 \cdot (6 - 5a) =$ _____

b) $-4 \cdot (0{,}75x - 0{,}2) =$ _____

c) $(-3n + 5) \cdot 21 =$ _____

d) $3 + 4{,}5 \cdot (3m - 2) =$ _____

14 Berechne die Variable durch Äquivalenzumformungen. Die Summe aller Lösungen ergibt 6,1.

a) $x \cdot 2 + 3 = 14{,}2$ $\quad| \;\underline{-3}$

$\quad x \cdot 2 = 11{,}2$ $\quad| \;\underline{:2}$

$x = \underline{5{,}6}$

b) $0{,}5x \cdot 3 + x = \frac{1}{2}x + 6$ $\;| \;$____

_____ $| \;$____

$x =$ ____

c) $-3x + 32 = 20$ $\quad| \;$____

_____ $| \;$____

$x =$ ____

d) $3 - (2x + 1) = 20$ $\quad| \;$____

_____ $| \;$____

_____ $| \;$____

$x =$ ____

e) $\frac{1}{3}x + \frac{1}{3} = \frac{2}{3}$ $\quad| \;$____

_____ $| \;$____

$x =$ ____

f) $-2x + 2 = (x - 2) \cdot 2$ $\;| \;$____

_____ $| \;$____

_____ $| \;$____

$x =$ ____

15 Trage die Zahlen in den Zahlenstrahl ein. Markiere dabei den Mittelwert grün und den Zentralwert rot.

a)

20 46 4 32 8

$\quad$ 0 $\quad$ 10 $\quad$ 20 $\quad$ 30 $\quad$ 40 $\quad$ 50

b)

123 82 74 135 106 109 127

$\quad$ 70 $\quad$ 80 $\quad$ 90 $\quad$ 100 $\quad$ 110 $\quad$ 120 $\quad$ 130 $\quad$ 140

16 Füge die Nummern aus der ersten Tabellenzeile an den entsprechenden Stellen des gezeichneten Boxplots ein. Ergänze dann die fehlenden Werte in der Tabelle.

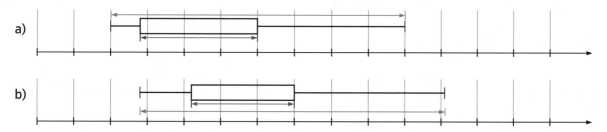

a)

b)

Viertel eines Boxplots = Quartil

	(1) Minimum	(2) unteres Quartil	(3) oberes Quartil	(4) Maximum	(5) Quartil-abstand	(6) Spannweite
a)	10	14	30	50		
b)			3,5	5,6	1,4	4,2

Register

Die Seitenangaben in Schwarz verweisen auf die Lerneinheit, die in Orange auf den Merkzettel.

Lambacher Schweizer 7

Mathematik für Gymnasien

Hessen

Lösungen zum Arbeitsheft

Basiswissen | Figuren und Flächeneinheiten, Seite 3

1
a) A = 120 cm² = 1,2 dm² ⠀⠀⠀⠀ U = 86 cm
b) A = 2 400 cm² = 24 dm² = 0,24 m²; ⠀ U = 280 cm = 28 dm

2

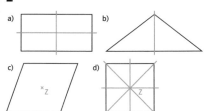

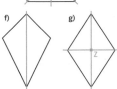

3

	a)	b)	c)	d)	e)	f)	g)
A	4,5 cm²	3 cm²	5 cm²	4 cm²	2,75 m²	3 cm²	3 cm²
U	9 cm	9 cm	9,5 cm	8 cm	7,5 cm	7,6 cm	7,2 cm

4
a) 2 m²　　　b) 15 a　　　c) 0,4 cm²　　　d) 0,01 ha

5
a) 2 300 cm²　　b) 500 a　　　c) 0,3 km²　　d) 100 mm²
e) 0,1 a　　　　f) 25 m²　　　g) 10 000 000 000 cm²

6
Der Fuß könnte zwischen 10 und 30 m² groß sein.
Eigener Fuß: zwischen 1 und 3 dm².
1000- bis 3 000-mal so groß.

Basiswissen | Körper und Raumeinheiten, Seite 4

1
a) 3 265 dm³ = 3,265 m³　　　　b) 43 081 cm³ = 43,081 dm³
c) 66 003 ml = 66,003 l　　　　d) 530 l = 5,3 hl

2
a) 500 cm³　　b) 42 cm³　　c) 0,03 m³　　d) 3,824 l

3

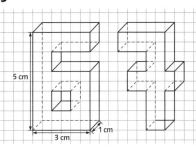

a) 5 · 3 · 1 – 1 – 2 = 12 cm³　　b) 5,4 g
c) 5 + 1 + 2 = 8 cm³　　　　　　d) 3,6 g

4
O = 21 cm²

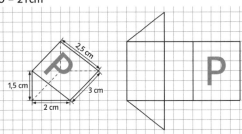

5
a) In einer Stunde: 6 000 Liter; an einem Tag 144 000 Liter = 144 m³; 3$\frac{1}{2}$ Tage für den Einmannballon
b) Bezugsgröße könnten die Menschen im Korb sein, d.h. 5 mm entsprechen etwa 2 m in der Wirklichkeit. Der Ballon hat dann ungefähr die Maße: 18 m · 3 m · 12 m. Das Volumen wäre danach ungefähr 650 m³.

Basiswissen | Koordinatensystem, Symmetrie, Winkel, Seite 5

1
66°; 294°; 114°; 114°; 66°; 66°
α und β ergänzen sich zu 360°; γ_1 und δ_1 ergänzen sich zu 180°, einem gestreckten Winkel.
α und δ_2 sind Stufenwinkel, α und δ_1 bilden Wechselwinkel, γ_1 und γ_2 sind Scheitelwinkel, wie auch δ_1 und δ_2.
Stufen- und Wechselwinkel an parallelen Geraden sind gleich groß.

2

3

4

5

Das Lösungswort heißt DEICH.

6

a) BB′

b)

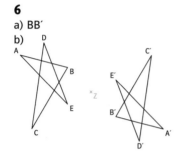

Basiswissen | Rechnen mit Brüchen, Seite 6

1
a) $\frac{1}{2}$　　　b) $\frac{5}{8}$　　　c) $3\frac{9}{10}$　　　d) $3\frac{4}{7}$

e) $\frac{1}{18}$　　f) $\frac{7}{2} = 3\frac{1}{2}$　　g) $3\frac{3}{5}$　　h) $9\frac{1}{3}$

2
a) 0,75　　b) 0,6　　c) 0,5　　d) 0,25　　e) 0,16

f) 0,125　　g) 0,8　　h) 0,7　　i) 0,55　　j) 0,16

3
a) $\frac{2}{3} + \frac{1}{4} = \frac{11}{12}$　　　b) $\frac{12}{12} - \frac{11}{12} = \frac{1}{12}$　　　c) $\frac{80}{100} \cdot \frac{1}{4} = \frac{1}{5} = 20\%$

4
a) $\frac{4}{3} - \frac{1}{3} = 1$　　　b) $\frac{3}{5} \cdot \frac{1}{4} \cdot \frac{2}{3} = \frac{1}{10}$　　　c) $\frac{1}{4} + \frac{1}{4} + \frac{1}{6} = \frac{2}{3}$

5
a) $3\frac{1}{4} \cdot \left(\frac{5}{13} + \frac{8}{13}\right) = 3\frac{1}{4} \cdot 1 = 3\frac{1}{4}$

b) $\frac{3}{5} \cdot \frac{21}{8} \cdot \frac{4}{7} = \frac{3}{5} \cdot \frac{3}{2} = \frac{9}{10}$

c) $\frac{5}{9} \cdot \frac{18}{4} - \frac{5}{9} \cdot \frac{6}{5} = \frac{10}{4} - \frac{2}{3} = \frac{30}{12} - \frac{8}{12} = 1\frac{5}{6}$

6
a) $\frac{1}{16}$　　　　b) $\frac{2}{3}$　　　　c) $\frac{1}{3}$

Basiswissen | Rechnen mit Dezimalbrüchen, Seite 7

1
a) 13,7　　b) 4,04　　c) 1,29　　d) 0,39

e) 1,75　　f) 9,9　　g) 144,6　　h) 0,45

2
a) 1,25　　b) 10　　c) 0,36　　d) 0,08

e) 4,2　　f) 93　　g) 503　　h) 304,05

3
a) 3,3　　　　b) 26,13 : 13 = 2,01　　c) 543,6 : 12 = 45,3

4
a) 37,037 · 3 = 111,111　　　　b) 105,82 · 2,1 = 222,222

c) 52,91 · 6,3 = 333,333

5
a) 1,94　　b) 1　　c) 1,8　　d) 0,04

e) 0,9　　f) 3

6
a) $\frac{3}{40} = 0,075$　　b) $\frac{1}{5} = 0,2$　　c) $\frac{18}{18} = 1$　　d) $\frac{5}{5} = 1$

Basiswissen | Prozentrechnung, Seite 8

1
siehe Figur 1

2
a) 50 %　　b) $33\frac{1}{3}$ %　　c) 20 %　　d) 12,5 %

e) 75 %　　f) 10 %　　g) 1 %　　h) 300 %

3
a) 6 g　　b) 2,5 cm　　c) 2,80 €　　d) 1,2 kg

e) 1 ct　　f) 78 m　　g) 72 km　　h) 0,005 m²

4
a) 40 %　　b) 62 %　　c) Mädchen: 28 %; Jungen: 20 %

d) $p\% = \frac{W}{G}$　　$p = \frac{W \cdot 100}{G}$

5
a) 30 Schüler　　　b) 39 €　　　c) $G = \frac{W}{p\%}$

	a)	b)	c)	d)	e)	f)	g)	h)
Gekürzter Bruch	$\frac{1}{4}$	$\frac{2}{5}$	$\frac{3}{20}$	$\frac{9}{20}$	$\frac{6}{5}$	$2\frac{1}{2}$	$\frac{1}{50}$	$\frac{1}{1000}$
Dezimalbruch	0,25	0,4	0,15	0,45	1,2	2,5	0,02	0,001
Prozentschreibweise	25 %	40 %	15 %	45 %	120 %	250 %	2 %	0,1 %

Fig. 1

6

Jahr	0	1	2	3	4
Guthaben	100 €	103 €	106,09 €	109,27 €	112,55 €

7

5 € sind 25 % mehr als 4 €. In der Schauburg muss man 20 % weniger bezahlen.

Negative Zahlen (1), Seite 9

1

a)

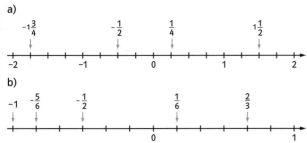

b)

2

a) $-0,3$ b) $0,8$ c) $0,5$

d) $-0,25$ e) $-1,5$ f) $0,75$

3

b) $\frac{4}{10} = \frac{2}{5}$ c) $\frac{18}{10} = \frac{9}{5}$ d) $-\frac{5}{10} = -\frac{1}{2}$

e) $\frac{15}{100} = \frac{3}{20}$ f) $\frac{22}{10} = \frac{11}{5}$

4

siehe Figur 1

Lösungswort: KÄLTEREKORD

5

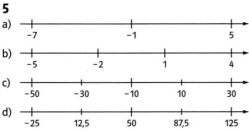

6

In der Mitte steht jeweils:

a) $-\frac{1}{2}$ b) $-\frac{7}{8}$ c) $-\frac{1}{12}$

7

siehe Figur 2

Neagtive Zahlen (2), Seite 10

1

A (0|3) B (1,5|5) C (5|4) D (3|0,5)

E (5|0) F (3,5|−1,5) G (5|−2) H (4,5|−4,5)

I (3|−3) J (−3|−2) K (−4|−5) L (−5|−1)

M (−2|1) N (−5|4)

2

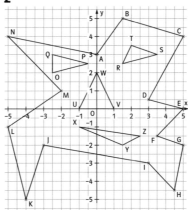

3

H (−1,5|−2,5) →
I (−1,5|−1,5) →
J (−2,5|−1,5) →
K (−2,5|−0,5) →
L (−1,5|−0,5) → A

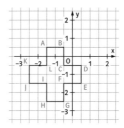

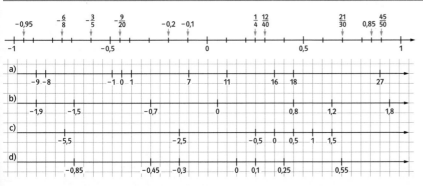

Fig. 1

Fig. 2

4

K(0|3) →
L(−3|0) →
M(0|−3) →
N(3,5|0,5)

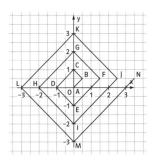

5

B′(−1|−1,5);
C′(0|3);
D′(2|2);

A″(−1|1);
B″(1|−1,5)
C″(0|3)
D″(−2|2)

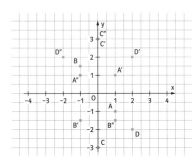

5
siehe Figur 2

6

Zahl	7	5	−0,5	1,9/−1,9
Gegenzahl	−7	−5	0,5	−1,9/1,9
Betrag	7	5	0,5	1,9

7

a) −5,5; 11 b) $-\frac{7}{4}$; $\frac{14}{4}$ = 3,5

8

a)
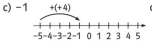

b)

9

Aufgabenteil f) hat keine Lösung, Aufgabenteil e) hat zwei
Lösungen: 0,25 und −0,25.
b) 2,9   c) 1,5   d) 101
e) |0,25| = |−0,25| = 0,25   f) keine Lösung
g) 0,01   h) $\frac{1}{7}$

Anordnung und Betrag, Seite 11

1

a) −27 > −31   b) −2,7< 3,1   c) 12 > −11
d) −0,6 < + 0,2   e) 3 > −3,2   f) −2,5 < −2
g) $\frac{1}{2}$ = 0,5   h) $-\frac{3}{4} > -\frac{4}{3}$ i) −2,23 < −2,22
j) 1,02 > −1,2   k) −5,08 > −5,87   l) 0 > −2,5

2
siehe Figur 1

3

a) −5 > −6   b) 5 > −6   c) +2 > 1   d) −3 < 2
e) −3 < +4   f) 0 < +1   g) −7 < 6   h) −6 < 5
i) −3 < −2   j) +5 > −4   k) 2 > −6   l) 0 > −2

4

Größte dreistellige ganze Zahl: −100
Kleinste zweistellige ganze Zahl: −99, deren Vorgänger: −100
Nachfolger der größten negativen ganzen Zahl: 0

Addieren rationaler Zahlen, Seite 12

1

a) −2   +(−7)   b) +4   +(+6)

c) −1   +(+4)   d) −3   +(−3)

2

a) −2,3   b) 1   c) −1   d) −2,2
e) −1,3   f) 0,8   g) 1   h) −2,3
siehe Figur 3

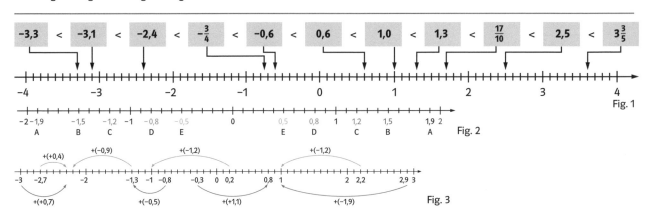

Fig. 1

Fig. 2

Fig. 3

3

a) $-\frac{8}{4} = -2$

b) $+\frac{4}{8} = +\frac{1}{2}$

c) $-\frac{4}{6} = -\frac{2}{3}$

d) $+\frac{10}{5} = +2$

e) $-\frac{2}{6} - \frac{1}{6} = -\frac{3}{6} = -\frac{1}{2}$

f) $\frac{6}{22} - \frac{7}{22} = -\frac{1}{22}$

4

a) (-1) c) $-0,7$ e) 1

b) $1,4$ d) $-1,4$ f) $0,7$

5

+	17	-43	19	-494
-22	-5	-65	-3	-516
-46	-29	-89	-27	-540
100	117	57	119	-394
-378	-361	-421	-359	-872

6

a) $-100 + 31 = -69$ $28 - 97 = -69$

b) $-62 - 33 = -95$ $-78 - 17 = -95$ $-50 - 45 = -95$

c) $-25 + 5 = -20$ $-50 + 30 = -20$ $-23 + 3 = -20$

Die zweite Rechnung bei a) und c) und die dritte bei b) sind
für die meisten am angenehmsten, denn die Summanden sind
jeweils so gruppiert, dass man bei der ersten Addition ein
Vielfaches der Zehn erreicht, was das Rechnen erleichtert.

Subtrahieren rationaler Zahlen, Seite 13

1

a) $1,1$ b) $-0,3$ c) $-0,5$ d) $-\frac{1}{2}$

e) $0,5$ f) $-2,5$ g) $0,1$ h) $-\frac{5}{8}$

2

-		-0,1	0,2	-1,2
+1,6		1,7	1,4	2,8
-3,4		-3,3	-3,6	-2,2
-1,7		-1,6	-1,9	-0,5
+0,01		0,11	-0,19	1,21

3

In die Lücken wird eingetragen:

a) $0,3$ b) $-0,1$ c) $1,1$ d) $-\frac{3}{2}$

e) $-\frac{5}{9}$ f) $\frac{4}{7}$ g) (-1) h) $\left(-\frac{7}{4}\right)$

4

b) $5,4 + 9,6 = 15$ c) $-17,8 + 4,25 = -13,55$

d) $-86,7 - 2,6 = -89,3$ f) $-\frac{14}{4} + \frac{3}{4} = -\frac{11}{4} = -2\frac{3}{4}$

g) $\frac{9}{21} - \frac{28}{21} = -\frac{19}{21}$ h) $\frac{5}{9} + \frac{6}{9} = \frac{11}{9} = 1\frac{2}{9}$

5

a) $45 - (13 - 21)$ $= 45 - (-8) =$ 53

b) $(-24 + 17) - 7$ $= (-7) - 7$ $= -14$

c) $-7 + (18 + 12)$ $= -7 + 30$ $= 23$

d) $(15 - 31) + (-4)$ $= -16 - 4$ $= -20$

e) $87 - (97 - 103)$ $= 87 - (-6) =$ 93

f) $(68 - 124) - (-44) = -56 + 44$ $= -12$

Lösungswort: BERLIN

6

a) $-5 + 12 - 21 = -4$; wird zu:
   $+5 + 12 - 21 = -4$

b) $(5 - 12) - 21 - 14$; wird zu:
   $(5 - 12) + 21 = 14$

c) $6 - (56 - 4) = -54$; wird zu:
   $6 - (56 + 4) = -54$

d) $(15 - 35) - (-5 - 25) = -10$; wird zu:
   $(15 - 35) - (-5 - 25) = +10$

e) $(-9 - 27) - (-18 - 9) = -27$; wird zu:
   $(-9 - 27) - (-18 + 9) = -27$

f) $(-12 + 5) - (56 - 45) = 6$; wird zu:
   $(+12 + 5) - (56 - 45) = 6$

g) $-7 - 28 - (14 - 49) = 0$; keine Änderung

h) $(2 - 4) + (8 - 16) = -2$; wird zu:
   $(2 + 4) + (8 - 16) = -2$;

i) $-35 - 7 - (17 - 5) = 16$; wird zu:
   $+35 - 7 - (17 - 5) = 16$

j) $(8 - 13) - 3 - 5 = -7$ wird zu:
   $(8 - 13) + 3 - 5 = -7$

Multiplizieren rationaler Zahlen | Seite 14

1

a) -6 b) -6 c) 6 d) -6

e) -65 f) -84 g) 90 h) -361

2

-2; -6; 24; 120; -720; -5040; 40320

3

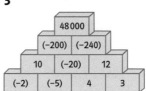 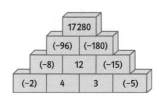

4

a) $-3,45$ b) -102 c) $0,475$

d) $-32,4$ e) $-30,8$ f) $-1,19$

g) $21,6$ h) -14400 i) $-1,332$

5

In die Lücken wird eingetragen:

a) $-2,5$ b) $(-0,36)$ c) (-40) d) $-0,17$

e) $1,3$ f) -6 g) $(-25,6)$ h) 441

6

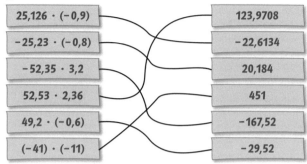

7

a) $-\frac{1}{4}$ b) $\frac{1}{8}$ c) $\frac{1}{16}$ d) $\frac{1}{32}$

Dividieren rationaler Zahlen | Seite 15

1

a) -4 b) -9 c) 7 d) -8 e) -4
f) -12 g) 123 h) -4 i) -2020

2

a) $(-4) \cdot 6 = (-24)$ b) $(+4) \cdot (-23) = -92$
c) $63 = (-9) \cdot (-7)$ d) $(-7) \cdot (-18) = 126$
e) $(-24) \cdot (-24) = 576$ f) $19 \cdot (-21) = (-399)$

3

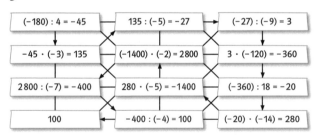

4

a) 1 b) -6 c) 5 d) kann nicht berechnet werden
e) 0 f) -1 g) -2 h) 2
Lösungssatz: Durch Null darf man nicht dividieren.

5

a) $-13,6 : 8 = -1,7$ b) $-2,25 : (-2,5) = 0,9$
c) $-259 : 37 = -7$ (mit -7)   d) $0,5 \cdot (-23) = -11,5$ (mit $-11,5$)

6

Eintrag im Hinweiszettel: Kehrwert

a) $\frac{1}{2} \cdot (-\frac{4}{1}) = -2$ b) $-\frac{5}{12} \cdot (-\frac{6}{15}) = \frac{1}{6}$
c) $-\frac{36}{25} \cdot \frac{20}{24} = -\frac{6}{5}$ d) $3 \cdot (-\frac{3}{1}) = -9$

Verbindung der Rechenarten, Seite 16

1

a) 22 b) 93 c) 175 d) 116
e) -56 f) -632 g) -53 h) -86

2

a) $0,1$ b) $0,2$ c) 6 d) 3
e) $0,4$ f) 5 g) $1,4$ h) 3

3

a) $(12 - (-5)) \cdot (30 - 5 \cdot 7) =$
    $(12 + 5) \cdot (30 - 35) =$
    $17 \cdot (-5) =$
    -85
c) $(9 - 19) \cdot (6 - 16) + 250 : (-5) =$
    $(-10) \cdot (-10) + (-50) =$
    $100 - 50 =$
    50

b) $25 - (3 \cdot (14 - 6 \cdot 3)) : 2 + 11 =$
    $25 - (3 \cdot (14 - 18)) : 2 + 11 =$
    $25 - (3 \cdot (-4)) : 2 + 11 =$
    $25 - (-12) : 2 + 11 =$
    $25 - (-6) + 11 =$
    $25 + 6 + 11 =$
    42

4

b) $3 \cdot (1,1 + 1,9) = 3 \cdot 3 = 9$ $3,3 + 5,7 = 9$
c) $(4,3 - 2,8) \cdot 4 = 1,5 \cdot 4 = 6$ $17,2 - 11,2 = 6$
d) $5 \cdot (6,1 - 5,6) = 5 \cdot 0,5 = 2,5$ $30,5 - 28 = 2,5$

5

Das Lösungswort ist MANNHEIM.
a) $14,4$ b) $6,25$ c) $0,29$ d) 15
e) $37,2$ f) $23,3$ g) $2,4$ h) 15

Rationale Zahlen | Merkzettel, Seite 17

■ **Text:** rechts; Betrag

■ **Text:** Beträge; Vorzeichen; subtrahiert; größeren
Beispiele: $+9$ -9 $+1$ -1

■ **Text:** Gegenzahl
Beispiele: (-5) -9 5 $+9$

■ **Text:** gleichen; negativ
Beispiele: 9 -9 -8 $+8$

■ **Text:** Kommutativ; Assoziativ
klammern; $a \cdot b + a \cdot c = a \cdot (b + c)$
Beispiele: $(-5) \cdot 0,5$ $0,5 + (-5)$
$1 + 2 + 3$ $2 \cdot 3 \cdot 4$
$3 \cdot 4 + 3 \cdot 5$ $0,5 \cdot (5 - 3)$

■ **Beispiel:**

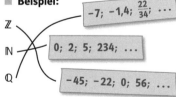

Die Kongruenzsätze wsw, sws, sss, Seite 18

1

a) sws   b) wsw   c) sss   d) wsw

2

a) sws

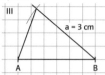

b) wsw, α = 40°

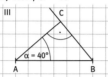

c) sss

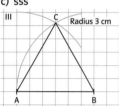

3

a) sws; b = 5,5 mm

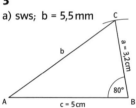

b) wsw; b = 5,9 mm

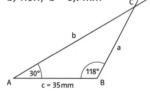

Die Dreiecksungleichung und der Kongruenzsatz sss, Seite 19

1

a) und b)

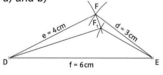

c) 2 cm   d) d + e > f   d + f > e   e + f > d

2

siehe Tabelle 1

3

a)

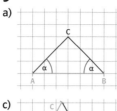

b)

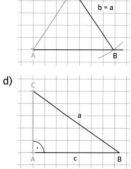

c)

d)

Der Kongruenzsatz Ssw, Seite 20

1

a)

b)

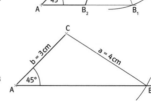

Dies zeigt dir, dass ein Dreieck nur eindeutig konstruierbar ist, wenn der gegebene Winkel der **größeren** Seite gegenüberliegt.

2

a) sws   b) Ssw   c) sss   d) wsw

3

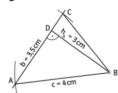

Das Teildreieck ABD lässt sich mit dem Kongruenzsatz Ssw konstruieren. Durch Verlängerung der Strecke $\overline{AD}$ erhältst du den Punkt C.

Größen	ja	Kongruenzsatz	nein	Begründung
a) c = 6,7 cm, α = 65°, β = 120°	◯		⊗	α + β > 180°
b) a = 35 mm, b = 5 cm, c = 2 cm	⊗	sss	◯	
c) a = 5,3 cm, b = 4,2 cm, γ = 67°	⊗	sws	◯	
d) a = 2 cm, b = 4 cm, c = 0,7 dm	◯		⊗	a + b < c
e) b = 4 cm, β = 52°, γ = 36°	⊗	wsw	◯	Tipp: Der Winkel α muss bestimmt werden.

Tab. 1

4

1) Seite b zeichnen
2) Endpunkte mit A und C bezeichnen
3) Kreis um C mit dem Radius a
oder: Mittelpunkt M_b der Seite b bestimmen
4) Mittelpunkt M_b der Seite b bestimmen
oder: Kreis um M_b mit dem Radius s_b
5) Kreis um M_b mit dem Radius s_b
oder: Kreis um C mit dem Radius a
6) Schnittpunkt der Kreise ist B
7) Dreieck vervollständigen

Begründen mit Kongruenzsätzen, Seite 21

1

A; B3; C (Wechselwinkel); D2; E3; F2
Peter hat also ungenau gezeichnet oder gemessen.

2

A ($\overline{AC} = \overline{BC}$); B2; C (die Höhe h); D (Ssw); D1
Die Basiswinkel α und β sind gleich groß.

3

Die Seite zwischen den zwei gleich großen Winkeln ist die
Basis. Die zur Basis gehörende Höhe zerlegt das Dreieck in
zwei Teildreiecke, die die Höhe gemeinsam haben. Wegen wsw
sind die Teildreiecke kongruent, stimmen also auch in den
äußeren Seiten überein. Das große Dreieck hat also zwei gleich
große Seiten, ist also gleichschenklig.

Konstruktion von Vierecken, Seite 22

1

b) sws
c) und d)

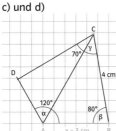

2

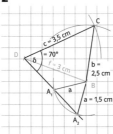

Das Dreieck BCD ist nach dem
Kongruenzsatz sss eindeutig
konstruierbar. Das Viereck ABCD
ist aber nicht eindeutig
konstruierbar, da bei der Konstruktion der Kreis um B mit
Radius a = 1,5 cm den Schenkel
von δ zweimal schneidet.

3

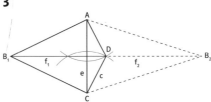

$\overline{AB_1}$ = 35 mm; $\overline{AB_2}$ = 50 mm

4

$\overline{AC}$ = 40 mm

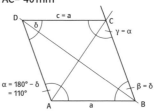

Vierecke, Haus der Viereke, Seite 23

1

b) Drachen: CDEI, DHIJ, HFEQ, ADQI, DFIL und JLCA
c) Parallelogramme: ABFG; IHDC; IQDL; und IJDE
d) Quadrate: ADFI und SPNK
Rauten: MTRO; DQIL
Trapeze: ABNK, ABPS, CDRT, CDOM, DEPN, DESK, JDQI, KDQS,
NDEP, KDES, ADFG, CDFI, DFIJ, MPST, IMOH, IMOQ

2

a) und b)

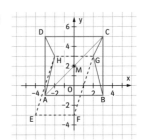

c) Es sind symmetrische Trapeze.
d) (allgemeines) Trapez

3

a) Quadrat   b) Rechteck   c) Raute   d) Parallelogramm

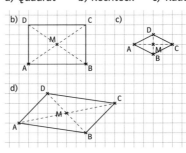

4

Das gilt jeweils für:

a) Parallelogramm

b) Drachen, symmetrisches Trapez

c) Quadrat, Raute, Rechteck, Parallelogramm

d) Quadrat, Drachen, Raute

Kongruenzsätze | Merkzettel, Seite 24

■ **Text:** Summe; c; b; a

Beispiele: c muss größer als 2 cm und kleiner als 10 cm sein.

■ **Text:** Seiten; sws; wsw; Ssw

Beispiele: wsw

sws   Ssw

■ **Text:** drei   **Beispiele:** 1,3 m

■ **Beispiele:** rechten   sws $\overline{BD}$

■ **Text:** fünf

Beispiele:

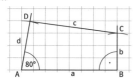

Üben und Wiederholen | Training 1, Seite 25

1

a) 5   b) 48   c) −22

d) −92   e) −20   f) −53

g) $\frac{3}{4}$ h) $\frac{13}{7} = 1\frac{6}{7}$ i) 0

2

a) $\frac{9}{10}$ b) $-\frac{1}{6}$ c) $\frac{7}{4} = 1\frac{3}{4}$

d) $-\frac{3}{14}$ e) $\frac{7}{2} = 3\frac{1}{2}$ f) $-\frac{2}{9}$

3

a) −2,5   b) −0,24   c) 1,44   d) 3,61   e) −0,006

4

a) −55,5   b) 0,55   c) −55,5   d) 25   e) 2,5

5

Kongruenzsatz sws

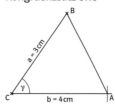

6

Basiswinkel: 70°

7

a) $\frac{200}{1000} = 0,2$ b) $-\frac{260}{100} = -2,6$ c) 3,5

d) $-\frac{8}{10} = -0,8$ e) $\frac{21}{10} = 2,1$ f) $-\frac{3}{2} = -1,5$

g) $\frac{1}{2} = 0,5$ h) $-\frac{1}{10} = -0,1$

siehe Figur 1

Zuordnungen, Seite 26

1

a)

Note	Anzahl Schüler
1	4
2	9
3	7
4	5
5	2
6	0

b)

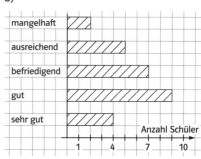

2

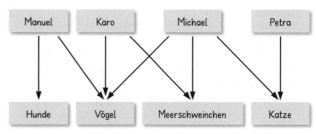

Fig. 1

3

a)

Jahr	1960	1970	1990	2000	2040	2050
Bev. in Mio.	73,1	78	79,8	82	78,5	75

b) Die Bevölkerungszahl ist zwischen 1960 und 1990 um ca. 6,7 Mio. gestiegen.

c) Die Zahl ist zwischen 1960 und 1970 am stärksten gestiegen, am stärksten sinken wird sie voraussichtlich zwischen 2040 und 2050.

4

2 kg kosten 2,40 €; 2,5 kg kosten 3,00 €; 4 kg kosten 4,80 €.

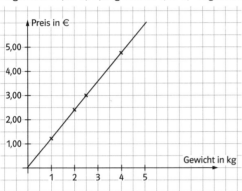

Graphen von Zuordnungen, Seite 27

1

a) Aus dem Diagramm kann man ablesen:
Schweden – 189 l; Schweiz – 237 l; Japan – 279 l;
Frankreich – 151 l.

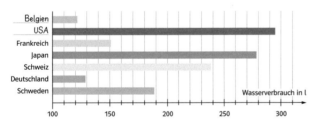

b) Der Wasserverbrauch ist am höchsten in den USA und am niedrigsten in Belgien.

c) Zwischen diesen zwei Ländern beträgt der Unterschied 173 l pro Tag und Einwohner.

d) Jans Behauptung stimmt nicht. Der Wasserverbrauch pro Kopf und Tag ist in den USA „nur" ca. 2,3-mal so hoch wie in Deutschland. (Jan darf nicht die Länge der Balken in der Grafik vergleichen, weil diese Darstellung erst bei 100 l anfängt.)

2

a)

Bad Harzburg	ab	8:00
Goslar	an	8:20
	ab	8:25
Hildesheim	an	8:55
	ab	9:05
Hannover	an	9:40

b) 5 Minuten
c) In Hildesheim
d) Zwischen Bad Harzburg und Goslar fährt der Zug am schnellsten, da in diesem Abschnitt die Kurve im Schaubild am steilsten ist.
e) Der Zug ist 1 h 40 min unterwegs. Die reine Fahrtzeit beträgt 1 h 25 min.

3

Zuordnung: Die vorgegebene Kurve A gehört zu Gefäß c).
Graph B gehört zu Gefäß a).
Graph C gehört zu Gefäß b).

Gesetzmäßigkeiten bei Zuordnungen, Seite 28

1

a)

Zeit in Sekunden	1	2	3	5	6	8	10
Gefallene Meter	5	20	45	125	180	320	500

b)

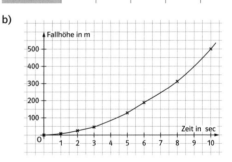

2

a) Reaktionsweg: $\frac{v}{10} \cdot 3$ Bremsweg: $\left(\frac{v}{10}\right)^2$

Anhalteweg: $3 \cdot \frac{v}{10} + \left(\frac{v}{10}\right)^2$

b)

	10 km/h	15 km/h	40 km/h	70 km/h
Reaktionsweg	3	4,5	12	21
Bremsweg	1	2,25	16	49
Anhalteweg	4	6,75	28	70

	100 km/h	150 km/h	200 km/h
Reaktionsweg	30	45	60
Bremsweg	100	225	400
Anhalteweg	130	270	460

3

a) $y = x^3$

x	1	2	3	4	5	6	7
y	1	8	27	64	125	216	343

b) $y = 5 \cdot x^2$

x	1	2	3	4	5	6	7
y	5	20	45	80	125	180	245

Proportionale Zuordnungen, Seite 29

1

a)

	Stück	Gewicht
	12	3000 g
	3	750 g
	15	3750 g

:4, ·5

b)

	Strecke	Zeit
	390 km	6 h
	130 km	2 h
	650 km	10 h

:3, ·5

c)

	Fläche	Preis
	100 m²	580 €
	25 m²	145 €
	75 m²	435 €

:4, ·3

2

Das Befüllen eines 16-l-Gefäßes dauert 120 sec.
Beim 1-l-Gefäß dauert es 7,5 sec.
Beim 10-l-Gefäß dauert es 75 sec.

3

EUR	40	5	15	25
DKK	300	37,5	112,5	187,5

EUR	40	13,33	53,33	73,33
DKK	300	100	400	550

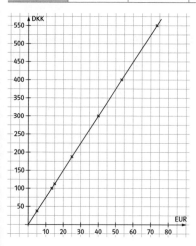

4

a) Nein, da die Füllgeschwindigkeit nicht angegeben ist.
b) Ja. Der Stapel besteht aus 350 Blatt.
500 Blatt – 5 cm hoch
50 Blatt – 0,5 cm hoch
350 Blatt – 3,5 cm hoch
c) Nein, da die Zuordnung nicht proportional ist.
Der Langstteckenläufer braucht im allgemeinen für 10 000 m im Verhältnis mehr als für 3 000 m.

d) Ja. In $\frac{1}{2}$ Tasse passen 75 g und in $2\frac{1}{2}$ Tassen $5 \cdot 75$ g

= 375 g Reis.
e) Nein, denn die Muscheln können ganz unterschiedlich groß sein. Könnte man davon ausgehen, dass alle Muscheln gleich groß und schwer sind, dann könnte man auch rechnen, dass 1 Muschel 9 g wiegt und 10 Muscheln 90 g.

Antiproportionale Zuordnungen,   Seite 30

1

a)

Anzahl der Personen	Gewinn pro Person (in €)
1	120 000
2	60 000
3	40 000
4	30 000
5	24 000
6	20 000
8	15 000
10	12 000

b)

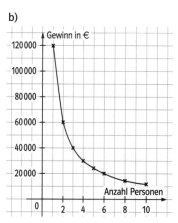

2

a)

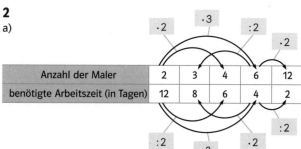

Anzahl der Maler	2	3	4	6	12
benötigte Arbeitszeit (in Tagen)	12	8	6	4	2

b) 24 Arbeitstage insgesamt

3

Lösungswort: SONNENBLUMEN

4

Länge (in cm)	1	2	3	4	5	6	7
Breite (in cm)	7	6	5	4	3	2	1

b) Nein. Da 2 → 6 gilt, müsste 4 → 3 gelten. Das ist nicht der Fall.

5

a) Die 22 ist falsch, sie muss durch 24 ersetzt werden, oder die 1,5 ist falsch, sie muss durch $\frac{18}{11}$ ersetzt werden.

b) Die 20 ist falsch, sie muss durch 22,5 ersetzt werden, oder die 0,8 ist falsch, sie muss durch 0,9 ersetzt werden.

b) siehe Figur 2

Anzahl Personen	3	1	4	6
Gewinn in €	60	180	45	30

Hierbei handelt es sich um eine antiproportionale Zuordnung.

Dreisatzrechnung bei proportionalen Zuordnungen, Seite 31

1

a) proportional

Gewicht (kg)	Preis
5	17,00 €
1	3,40 €
11	37,40 €
9	30,60 €

b) antiproportional

Anzahl Personen	Preis pro Person
4	9,00 €
2	18,00 €
6	6,00 €
20	1,80 €

c) proportional

Anzahl	Preis
15	3,90 €
5	1,30 €
10	2,60 €
25	6,50 €

d) antiproportional

Anzahl Packungen	Größe Packung
25	125 g
125	25 g
62,5	50 g
50	62,5 g

e) antiproportional

Tage	Tiere
12	84
4	252
8	126
48	21

f) proportional

Anzahl	Preis
16	20,80 €
4	5,20 €
12	15,60 €
10	13,00 €

2

a) siehe Figur 1

Anzahl Karten	3	1	4	6
Preis in €	12,90	4,30	17,20	25,80

Es handelt sich um eine proportionale Zuordnung.

Dreisatzrechnung bei antiproportionalen Zuordnungen, Seite 32

1

a) Baustelle

Planierraupen	Arbeitszeit (in h)
5	20
1	100
4	25

:5, ·5, ·4, :4

b) Fruchtsaft

Packungsinhalt (in l)	Packungen
1,5	650
0,5	1950
2	487,5

:3, ·3, ·4, :4

c) Tulpensträuße

Sträuße	Tulpen pro Strauß
8	15
4	30
12	10

:2, ·2, ·3, :3

d) Parkgestaltung

Gärtner	Arbeitstage
14	18
2	126
8	31,5

:7, ·7, ·4, :4

Lösungswort: SUPER GELOEST!

2

Sie darf pro Tag 9,60 € ausgeben.

Tage	Geld in € pro Tag
28	12
1	33,6
35	9,6

3

a) 23 Kinder

Personen	Gewicht
13	15
208	30
23,$\overline{1}$	10

·16, :16, :9, ·9

b) $74\frac{2}{7}$ kg ≈ 74 kg

Personen	Gewicht
13	80 kg
1	1040 kg
14	~74,2 kg

:13, ·13, ·14, :14

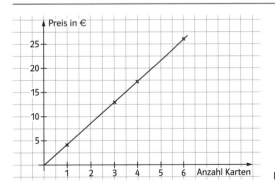

Fig. 1

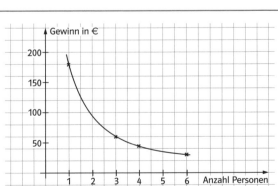

Fig. 2

4

Die benötigte Zeit ist dann $1\frac{1}{2}$ Arbeitstage.
Gespart werden $\frac{3}{4}$ Arbeitstage.

Anzahl Maschinen	Arbeitstage
2	$2\frac{1}{4}$
1	$4\frac{1}{2}$
3	$1\frac{1}{2}$

5

a) proportional; 1200 kg
b) antiproportional; 180 000 Stück
c) weder/noch; 8 min
d) antiproportional; 1400 Pakete

Zuordnungen | Merkzettel, Seite 33

■ **Text:** Tabellen; Koordinaten; ansteigt; Gleichung
Beispiele: y = 9

■ **Text:** Zweifache; Gerade
Beispiele:

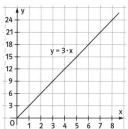

■ **Text:** Zuordnung; zweite; Kurve

x	y	x · y
60	2	120
30	4	120
15	8	120

Beispiele: $y = \frac{120}{x}$

■ **Text:** Tabelle; rechts; dividiert
Beispiele: antiproportionale   480   16

Kreis und Gerade, Seite 34

1

a)

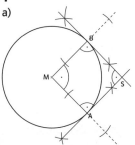

b) ∢ AMB beträgt 90°. Der Winkel zwischen Radius r und
Tangente beträgt ebenfalls 90°. Der Winkel zwischen den Tangenten ist ebenfalls 90° groß (Winkelsumme im Viereck). Somit
sind $\overline{AS}$ und $\overline{BS}$ parallel und gleich lang wie r.

2

a)

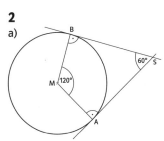

b) 100°   c) 130°

3

a) immer; Drache   b) höchstens einmal
c) zwei   d) mehrere
e) eine   f) Mittelpunkt des Kreises

4

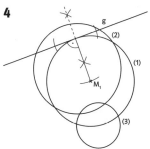

(1) g ist Tangente, (2) g ist Sekante, (3) g ist Passante.

5

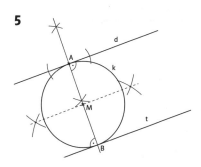

Satz des Thales, Seite 35

1

a)

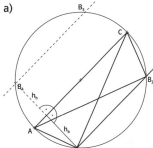

b)

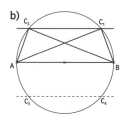

c) Linke Spalte: b6; b3; a5; a4; a6; b1
Rechte Spalte: b4; b2; a3; a2; b5; a1

2

a) β = 25°; γ = 65°

b) α = 65°

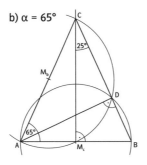

Umfang des Kreises, Seite 36

1

a) 28,26 cm
b) 3,14 · 3 cm = 9,42 cm
c) 3,14 · 1,5 m = 4,71 m

2

b) 94 mm   c) 126 mm   d) 157 mm

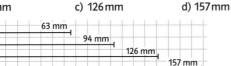

3

Der Durchmesser der Pizza ist ungefähr 31,85 cm.
Die Jumbo Pizza hat einen Umfang von ungefähr 1,13 m.

4

Der Durchmesser der Erde beträgt ungefähr 12 738 853,5 m.
Die Länge des Seils ist 40 000 001 m, daraus ergibt sich ein
Durchmesser von ungefähr 12 738 853,8 m.
Antwort: Der Abstand des Seils vom Boden beträgt ca. 15 cm.

Flächeninhalt eines Kreises, Seite 37

1

	a)	b)	c)
Radius	5 m	4 km	0,5 m
Durchmesser	10 m	8 km	1 m
Flächeninhalt	78,50 m²	50,24 km²	0,79 m²

2

Gemessener Durchmesser ca. 19 mm (Radius: 8,5 mm)
Der Flächeninhalt beträgt ca. 2,3 cm².

3

Der Flächeninhalt beträgt etwa 200 cm².

4

Kleine Pizza: 23,55 cm² pro Krone
Große Pizza: 31,40 cm² pro Krone

5

Die große Springform ist etwa doppelt so groß wie die kleine,
die Mengen können also verdoppelt werden.

6

Die Differenz der Flächeninhalte beträgt ungefähr 100 mm².

Kreisausschnitt und Kreisbogen, Seite 38

1

a) b = 6,98 cm $A = \frac{80°}{360°} \cdot \pi \cdot (5\,cm)^2 = 17,45\,cm^2$

b) $b = \frac{63°}{360°} \cdot 2 \cdot \pi \cdot 3,5\,cm = 3,85\,cm$

$A = \frac{63°}{360°} \cdot \pi \cdot (3,5\,cm)^2 = 6,73\,cm^2$

c) $b = \frac{40°}{360°} \cdot 2 \cdot \pi \cdot 2,5\,cm = 1,75\,cm$

$A = \frac{40°}{360°} \cdot \pi \cdot (2,5\,cm)^2 = 2,18\,cm^2$

2

	a)	b)	c)	d)	e)
Mittel-punkts-winkel α	60°	75°	200°	150°	110°
Radius r	4 cm	7 m	106 dm	40 mm	3,12 km
Durch-messer d	8 cm	14 m	212 dm	80 mm	6,24 km
Bogen-länge b	4,19 cm	9,16 m	370 dm	104,72 mm	6 km
Flächen-inhalt A	8,38 cm²	32,07 m²	196,11 m²	2094,4 mm²	9,34 km²
Umfang U	25,13 cm	43,98 m	666 dm	251,33 mm	19,6 km

3

a) α = 35,81° $A = \frac{35,81°}{360°} \cdot \pi \cdot (8\,cm)^2 = 20\,cm^2$

b) $\alpha = \frac{10\,dm^2 \cdot 360°}{\pi \cdot (6,5\,dm)^2} = 27,12°$

$b = \frac{27,12°}{360°} \cdot 2 \cdot \pi \cdot 6,5\,dm = 3,08\,dm$

c) $\alpha = \frac{9\,m \cdot 360°}{2 \cdot \pi \cdot 3\,m} = 85,94°$

$A = \frac{85,94°}{360°} \cdot \pi \cdot (3\,m)^2 = 6,75\,m^2$

4

Umfang: $\frac{180°}{360°} \cdot 2 \cdot \pi \cdot 2\,cm + 2\,cm + 4\,cm + 6\,cm = 18,28\,cm$

Flächeninhalt: $\frac{1}{2} \cdot 6\,cm \cdot 8\,cm - \frac{180°}{360°} \cdot \pi \cdot (2\,cm)^2 = 17,72\,cm^2$

Kreis | Merkzettel, Seite 39

■ **Text:** b; c; a; Tangente
Beispiele: c ist Tangente, da sie mit dem Radius des Kreises
einen Winkel von 90° einschließt.

■ **Text:** Spiegle
Beispiele:

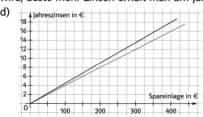

■ **Text:** Thaleskreis; rechter Winkel; Umkehrung; Winkels
Beispiele: Dreieck ABQ' ist rechtwinklig

■ **Text:** Radius; Kreiszahl; Durchmesser
Beispiele: r = 3 cm; A = 28,27 cm²; U = 18,85 cm

	r = 2 cm d = 4 cm	r = 5 cm d = 10 cm	r = 1 m d = 2 m
Fläche A	12,57 cm²	78,54 cm²	3,14 m²
Umfang U	12,57 cm	31,42 cm	6,28 m

■ **Text:** Mittelpunktswinkel
Beispiele: A = 19,78 cm²; b = 13,19 cm

Prozente und Zuordnungen, Seite 40

1
a) 8 €   b) 250 €
c) Die Zuordnung ist proportional, da sie durch eine Gerade durch den Ursprung dargestellt wird. Je mehr Geld angelegt wird, desto mehr Zinsen erhält man am Jahresende.
d)

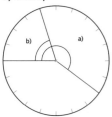

e) 9 €

2
a) 990 €   b) 910,80 €; Preissenkung um 17,8 %
c) 960 €   d) Gemütlich & Billig   e) 1130,67 €

3
a) und b)

c) 20%   d) 36

Prozente und Zinsen, Seite 41

1
a) 21 500 € — 100 %
215 € — 1 %
967,50 € — 4,5 %
b) 31,50 €   Es fehlen 31,50 €.

2
a) 9 €   b) 9 %
Der Zinssatz des Versandhauses ist höher. Er beträgt 9 %. Jutta sollte das Geld vom Sparbuch nehmen, sie spart damit 17,82 € (Aufpreis des Versandhandels minus die möglichen Zinsen des Sparbuchs).

3
Formel: $\frac{W}{p\%}$ Stefan hatte sein Konto um 2000 € überzogen.

4
a) 37,50 €   b) 3 %
c) 1326,13 € gesamt; 38,63 € mehr

Tageszinsen und Zinseszinsen (1), Seite 42

1
a) Zinsen im Jahr: 70 €; Zinsen im Halbjahr: 35 €; Zinsen im Vierteljahr: 17,50 €; Zinsen im Monat: 5,83 € (gerundet)
b) Zinsen im Jahr: 9,60 €; Zinsen im Halbjahr: 4,80 €; Zinsen im Vierteljahr: 2,40 €; Zinsen im Monat: 0,80 €

2
Falls er den Wagen sofort bezahlt, spart er 2 % von 17 800 €, das sind 356 €.
Wenn er den Betrag von 17 800 € zu 5 % verzinsen würde, so wäre dies ein Jahreszins von 890 €, anteilig für die 90 Tage ergäben sich Zinsen von 222,50 €.
Er spart mehr, wenn er sofort bezahlt.

3

	a)	b)	c)
Guthaben in €	200,00 €	300,00 €	800,00 €
Zinssatz	1 %	2,5 %	3 %
Jahreszinsen in €	2,00 €	7,50 €	24,00 €
Monatliche Zinsen in €	0,17 €	0,63 €	2,00 €

	d)	e)	f)
Guthaben in €	500,00 €	700,00 €	10 000 €
Zinssatz	1,2 %	13,4 %	0,8 %
Jahreszinsen in €	6,00 €	93,80 €	80 €
Monatliche Zinsen in €	0,50 €	7,82 €	6,67 €

4
In die Lücken werden der Reihe nach eingetragen: 3 (Monate); 50 (€); 200 (€); 2 500 (€); 0,08; 8 (%)

5

In die Lücken werden der Reihe nach eingetragen: 12 000 (€);
600 (€); 6 (Monate)

6

In die Lücken werden der Reihe nach eingetragen: 2 850 (€);
32 850 (€); 8,8 (%); 210 (€)

Tageszinsen und Zinseszinsen (2), Seite 43

1

	im 1. Jahr	im 2. Jahr	im 3. Jahr
Schulden ohne Zinsen	50 000 €	52 500 Euro	55 125 €
Zinsen		2 500 Euro / 2 625 €	2 756,25 €
Schulden mit Zinsen	52 500 Euro	55 125 €	57 881,25 €

	im 4. Jahr	im 5. Jahr	nach 5 Jahren
Schulden ohne Zinsen	57 881,25 €	60 775,31 €	63 814,08 €
Zinsen	2 894,06 €	3 038,77 €	
Schulden mit Zinsen	60 775,31 €	63 814,08 €	

2

	Kapital in €	Zinsen in €	Summe in €
1 Jahr	200,00	4,00	200,00 + 4,00 = 204,00
2 Jahre	200,00 + 204,00 = 404,00	8,08	412,08
3 Jahre	200 + 412,08 = 612,08	12,24	624,32
4 Jahre	824,32	16,49	840,81

	Kapital in €	Zinsen in €	Summe in €
1 Jahr	200,00	8,00	200,00 + 8,00 = 208,00
2 Jahre	200,00 + 208,00 = 408,00	16,32	424,32
3 Jahre	624,32	24,97	649,29
4 Jahre	849,29	33,97	883,26

Oma Weitsichtig hat Recht. Der Enkel bekommt mehr als
doppelt so viel Zinsen.

3

In die Lücken werden der Reihe nach eingetragen:
8 (Jahre); 500 (€); (Zinsfaktor) 1,035; 8 (-mal); 500 € · $1,035^8$;
658,40 (€); 31,68 (%)

4

Gesamtkosten bei „Gut & Günstig":
2 600 € + 36 · 185,10 € + 5 200 € = 14 463,60 €
Gesamtkosten bei „Reich & Reichlich":
Die Zinsen bei „Reich & Reichlich" sind 624 € im Jahr.
13 000 € + 3 · 624 € = 14 872 €

Für Herrn Schnell ist das Angebot „Gut & Günstig" besser,
er spart 408,40 €.
Wenn er bei seiner Bank den Kredit in drei Jahresraten
zurückzahlen will, sind das pro Jahr 4 957,33 €. Herr Schnell
muss hierfür jeden Monat 413,11 € zurücklegen.

Prozente und Zinsen | Merkzettel, Seite 44

■ **Text:** proportional; faktor
Beispiele: 450 €   50 €   70 %   50 %

■ **Text:** W; p %
Beispiele: $\frac{700}{35}$ $G = \frac{(700 \cdot 100)}{35} = 2000$

■ **Text:** p %; G
Beispiele: $\frac{500}{100}$ m = 5 m   W = 275 m

■ **Text:** W; G
Beispiele: $\frac{100}{240}$ %   p % = 20 %

■ **Text:** Prozentsatz; Prozentwert; Grundwert
30; 360
Beispiele: 10 €   500 € · 1,02 = 510 €

■ **Text:** Jahres; Anteil
Beispiele: $10 \cdot \frac{30}{360} = 0,83$ €   500 € + 0,83 € = 500,83 €

■ **Text:** Zinsfaktor
Beispiele: 0,02   1,02 · 1,02 · 1,02 · 500 € = 530,60 €

Üben und Wiederholen | Training 2, Seite 45

1

a) − 3,45   b) − 102   c) 0,475
d) − 32,4   e) − 30,8   f) − 1,19
g) 15   h) $-\frac{144}{25}$ i) $-\frac{3}{2} = -1\frac{1}{2}$

2

a) 7 − 5 = 2
b) 15 + 10 = 25
c) − 43,50 + 5,5 + 8 = − 38 + 8 = − 30
d) 0,2 − 1,2 = −1
e) $-\frac{1}{3} + 1 = \frac{2}{3}$
f) − 199 − 35,5 = − 234,5

3

Kongruenzsatz Ssw
a) b = 2,5 cm (z. B.)   b) b = 1,5 cm (z. B.)

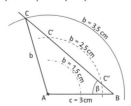

4
a) wsw b) nein c) Ssw d) sws
e) nein f) wsw

5
a) $-\frac{3}{1}$ b) $\frac{2}{1}$ c) $-\frac{15}{1}$ d) $-\frac{2}{5}$
e) $\frac{4}{5}$ f) $-\frac{4}{9}$ g) $\frac{4}{5}$ h) $\frac{64}{81}$

6
a) sss b) sss c) wsw d) sws

Üben und Wiederholen | Training 2, Seite 46

7
a) Antiproportionaler Dreisatz; 1 Pumpe braucht 48 h;
5 Pumpen brauchen 9,6 h.
b) Proportionaler Dreisatz; 1 Los bringt 0,75 €; 55 Lose bringen
41,25 € Einnahmen.

8
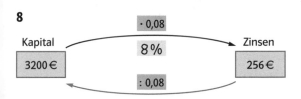

9
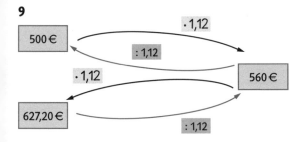

10
$750\,€ - \frac{700\,€}{700} \cdot 100\,\% = 7{,}14\,\%$.
Somit gab die Schule 7,14 % mehr für die Schülerbücherei aus.

11
a) Frisbee A: r = 2,0 cm; U = 2 · π · 2 ≈ 12,6 cm
Frisbee B: r = 1,8 cm; U = 2 · π · 1,8 ≈ 11,3 cm
b) r = 1,05 cm; U = 6,60 cm; zurückgelegte Strecke: 369,60 cm

12
Konstruktion mithilfe des Tangentenvierecks
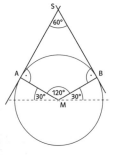

13
a) 7,50 € b) 140 € c) 9,60 € d) 9 €

Erheben von Daten, Seite 47

1
a) Nominalskala b) 41
c)

Farbe	Rot	Gelb	Grün	Orange	Weiß
Piets Stichprobe	14	10	11	3	3
relative Häufigkeit	34,1%	24,4%	26,8%	7,3%	7,3%

d)
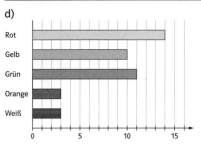

e) für Weiß, Orange, Grün und Gelb je 7 Stück, für Rot 14
f) Piets Stichprobe ist nicht repräsentativ, weil zu wenig orange und weiße Gummibärchen in der Tüte sind und dafür überdurchschnittlich viele gelbe und grüne.
g) individuelle Lösung

2
a) 1; 1; 1; 2; 2; 2; 2; 2; 3; 3; 3; 3; 3; 3; 3; 3; 3; 3; 3; 4; 4; 4; 4; 4; 4; 4; 5; 5; 5; 6;
b) 1; 2; 3; 4; 5; 6 bilden eine Rangskala.
c) nein
d)

Note	1	2	3	4	5	6
Klasse 7c	3	5	11	7	3	1
gesamte Schule	12	20	44	28	12	4

Lagemaße (1), Seite 48

1
a)

Febr.	Dez.	Jan.	Mai	Okt.	Sept.
24	35	43	48	65	85

Nov.	April	März	Aug.	Juli	Juni
89	112	125	128	175	251

b) Minimum: 24 Maximum: 251 Spannweite: 227
c) Zentralwert: Mittelwert der beiden mittleren Zahlen 85 und 89; er lautet 87.
d) Gerundetes arithmetisches Mittel: 98; 5 Zahlen oberhalb und 7 Zahlen unterhalb dieses Mittelwerts

2

a) und b) siehe Tabelle 1

c) Alle drei kommen in die nächste Runde.

d) Jens uns Ayse kämen nach den alten Spielregeln weiter.

3

a) 6a: 4; 6b: 4   b) 6a: 3,53; 6b: 3,5

Lagemaße (2), Seite 49

1

a) Die Rangliste lautet:

142 cm; 149 cm; 150 cm; 150 cm; 155 cm; 156 cm; 157 cm, 157 cm;
157 cm; 158 cm; 159 cm; 160 cm; 160 cm; 160 cm; 160 cm;
161 cm; 162 cm; 168 cm; 169 cm; 169 cm; 170 cm; 175 cm

b) kleinster Wert (Minimum): 142 cm; größter Wert (Maximum): 175 cm; Spannweite: 33 cm

c) Zentralwert: 159,5 cm

d) Es sind 22 Schülerinnen und Schüler in der Klasse, der berechnete Mittelwert ist 159,27 cm.

e) 11 Daten liegen unterhalb des Mittelwerts und 11 Daten oberhalb.

2

a) bis c) siehe Tabelle 2

3

Rangliste vom schlechtesten Wert aufsteigend:

Wurfweite	7,65	6,50	7,50	6,90	7,70
Ranglistenplatz	4	1	3	2	5

oder umgekehrt.

a) Minimum: 6,50 m; Maximum: 7,70 m; Spannweite: 1,20 m; Zentralwert: 7,50 m; arithmetisches Mittel: 7,25 m

b) 7,15 m

Boxplots, Seite 50

1

a) Insgesamt werden 21 Mädchen und 22 Jungen befragt.

b)

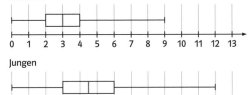

	Minimum	unteres Quartil	Zentral-wert	oberes Quartil	Maximum
Mädchen	0	2	3	4	9
Jungen	0	3	4,5	6	12

c)   Mädchen

Jungen

2

a) Summe: 2 000; Minimum: 60 km (1. Monat); Maximum: 300 km (9. Monat)

b) Rangliste Plätze 1 bis 12

Berechnung unteres Quartil: $12 \cdot \frac{1}{4} = 3$

Mittelwert: (80 + 80) : 2 = 80

c) Zentralwert: $12 \cdot \frac{1}{2} = 6$; Mittelwert: (120 + 180) : 2 = 150

d) Berechnung oberes Quartil: $12 \cdot \frac{3}{4} = 9$

Mittelwert: (240 + 260) : 2 = 250

e)

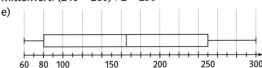

3

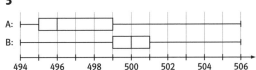

Maschine B; sie zeigt eine geringere Streuung und der Zentralwert liegt näher bei 500.

	Runde 1	Runde 2	Runde 3	Runde 4	Runde 5	Runde 6	Runde 7	Runde 8	Durchschnitt
Jens	88	121	144	65	125	64	55	89	130
Ayse	118	110	86	90	89	120	88	185	141
Leon	100	84	160	85	82	110	74	105	125

Tab. 1

Durch-schnitt	Liste	geordnete Liste	Spann-weite	Median
19	9; 27; 10; 25; 24	9; 10; 24; 25; 27	18	24
19	14; 34; 16; 18; 32; 0	0; 14; 16; 18; 32; 34	34	17
17	9; 28; 17; 27; 12; 15; 11	9; 11; 12; 15; 17; 27; 28	19	15
17	22,6; 21,9; 22,4; 19,3; 17,9; 11,2; 3,7	3,7; 11,2; 17,9; 19,3; 21,9; 22,4; 22,6	18,9	19,3

Tab. 2

Beschreibende Statistik | Merkzettel, Seite 51

■ **Text:** annähernd; repräsentativ

■ **Text:** Ordinal; Nominal

Beispiele: 4; 11; 13; 21   Anna; Bea; Jan; Piet

■ **Text:** Modal; Spannweite; arithmetisches; Zentralwert
Beispiele: 12   15

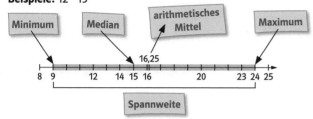

■ **Text:** vier
Beispiele:

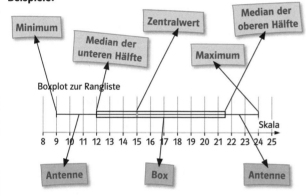

Terme aufstellen und berechnen (1), Seite 52

1

Die Variable wird hier immer mit y bezeichnet.
a) y − 12   b) y − 1   c) 3 · y
d) y : (−6)   e) y : (−7) + 3,18   f) 15 − y

2

a) $\frac{1}{2} \cdot (x − 1{,}7)$ oder $(x − 1{,}7) : 2$ b) $4 \cdot \left(\frac{1}{2} + a\right)$
c) $\frac{3 \cdot b}{2}$ oder $(3 \cdot b) : 2$ d) $2 \cdot (z + 4)$
e) $\frac{1}{3} \cdot (n − 12)$ oder $(n − 12) : 3$ f) $\frac{5 \cdot x}{2{,}5}$ oder $(x : 2{,}5) \cdot 5$

3

a) $a + a + a + a = 4 \cdot a$ b) $3\,b + 2\,c$

4

5

Die richtige Rechenvorschrift ist jeweils:
a) B   b) D   c) A

6

Die richtigen Terme sind von oben nach unten:
$4 \cdot x − 12$; $108 − (45 + x)$; $(234 + x) : 3$; $−23 + 5\,x$; $4{,}5 − x : 3$;
$45 : x − 15$; $(2 \cdot x − 4) : 3$; $2{,}5 \cdot x − 7$
Wenn man von unten nach oben die zugehörigen Buchstaben
aneinanderreiht, so erhält man als Lösungswort: FUSSBALL.

Terme aufstellen und berechnen (2), Seite 53

1

x	$3x − 5$	$−x + 3$	$5 − \frac{1}{2}x$	$(x + 4) \cdot 2$
2	$3 \cdot 2 − 5 = 1$	1	4	12
$\frac{1}{4}$	$\frac{3}{4} − 5 = −4\frac{1}{4}$	$2\frac{3}{4}$	$4\frac{7}{8}$	$8\frac{1}{2}$
−2	−11	5	6	4
3,6	5,8	−0,6	3,2	15,2
−12	−41	15	11	−16

2

Nacheinander wurden folgende Terme für die Variable y
gewählt:
a) 1; 0,5; −1; 5   b) 4; 0; −1; 2   c) −1; 4; 0; 0,5

3

Der passende Term ist:
a) $2\,x − 1$ b) $4 − \frac{1}{2}x$ c) $2\,x^2 + 2$ d) $4\,x + 2$

4

a) Der Gewinn bei einer Portion Eis beträgt $20\,ct = 0{,}20\,€$,
bei 124 Portionen $124 \cdot 0{,}2\,€ = 24{,}80\,€$.
b) Bei x Portionen ist der Gewinn $0{,}2\,€ \cdot x$
c) Der Gewinn bei einer Portion Eis mit Sahne beträgt
$20\,ct + 20\,ct = 40\,ct = 0{,}40\,€$. Es werden x Portionen ohne
und $\frac{1}{2} \cdot$ x mit Sahne verkauft. Der Gesamtgewinn ist also:
$0{,}2 \cdot x + 0{,}4 \cdot \frac{1}{2} \cdot x = 0{,}4 \cdot x$ (Ergebnis in Euro)

5

$^A8$	$^B1$	6		$^C1$	$^D6$	$^E4$
1	6		$^F1$		9	0
2		$^G7$	2	$^H4$		9
	$^I1$	2	1	1	1	
$^J2$		$^K3$	0	5		$^L3$
$^M3$	$^N2$		0		$^O6$	$^P1$
$^Q4$	3	7		$^R1$	3	2

Terme umformen (1), Seite 54

1

a)

A: $2a + 2b$ C: $a + 2b$ E: $a + 3b$ F: $a + 2b$
H: $2a + b$ I: a L: $a + b$ O: $2a + 2b$
P: $a + 3b$ T: $a + b$ U: $2a + b$

b) LEUCHTE: $9a + 12b$ FEILE: $5a + 9b$ PFAU: $6a + 8b$
c) LEUCHTE: $25,5b$ FEILE: $16,5b$ PFAU: $17b$
d) POL
e) Individuelle Lösung, z.B. PFEIFE: $6a + 13b$

2

a) $4r$ b) $6,24k$ c) $-x$ d) $-2a$
e) $5,3x - 0,8$ f) $6,75t$ g) $0,4y$ h) $\frac{1}{2}a$

3

a) $2a$ b) m c) $7a$
d) $2x$ e) $6x$ f) $2a$; $0,5$

4

+	$4 \cdot x$	$x - 8,2$	$0,4 - \frac{2}{5}x$
$12x + 3$	$16x + 3$	$13x - 5,2$	$11,6x + 3,4$
$x + 1$	$5x + 1$	$2x - 7,2$	$0,6x + 1,4$
$7x - 3,01$	$11x + 3,01$	$8x - 11,21$	$6,6x - 2,61$

+	$\frac{1}{2}x + 13$	$-6,6x + 1$	$27 - 0,2x$
$12x + 3$	$12,5x + 16$	$5,4x + 4$	$11,8x + 30$
$x + 1$	$1,5x + 14$	$-5,6x + 2$	$0,8x + 28$
$7x - 3,01$	$7,5x + 9,99$	$0,4x - 2,01$	$6,8x + 23,99$

Terme umformen (2), Seite 55

1

a) $5z^2$ (A)   b) $-6x$ (A)   c) $6y + 2$ (A)   d) $-12a$ (K)

2

a) $5x + 10$ b) $-x + 1$ c) $-2x - 6$ d) $-2x + 1,2$
e) $4x - 8$ f) $-3y + 4,2$

3

Angewandtes Gesetz: Distributivgesetz

Faktor	Term	Ergebnis
3	$3x - 6$	$3 \cdot (x - 2)$
$\frac{1}{3}$	$\frac{1}{3} - \frac{2}{3}x$	$\frac{1}{3} \cdot (1 - 2x)$
-2	$8 - 4x$	$-2 \cdot (-4 + 2x)$
-1	$-3x - \frac{1}{2}$	$-1 \cdot (3x + \frac{1}{2})$
$0,5$	$2,5x - 4,5$	$0,5 \cdot (5x - 9)$
$-\frac{1}{4}$	$\frac{3}{4} - \frac{2}{4}x$	$-\frac{1}{4} \cdot (-3 + 2x)$
16	$x \cdot 144 - 48$	$16 \cdot (9x - 3)$

4

Term	Ergebnis
$7x - 14$	$\boxed{7} \cdot (x - \boxed{2})$
$12 - 3x$	$(4 - \boxed{x}) \cdot \boxed{3}$
$6a - \boxed{16}$	$2 \cdot (\boxed{3}a - 8)$
$12 - 4b$	$\boxed{-4} \cdot (b - \boxed{3})$
$\boxed{3a} + 1,5$	$\boxed{1,5} \cdot (2a + 1)$
$-5y - 125$	$\boxed{-5} \cdot (\boxed{y} + 25)$
$\frac{1}{2}x - 1,5$	$\boxed{\frac{1}{2}} \cdot (x - 3)$

5

a) $4 \cdot (2 + 3x)$ b) $2 \cdot (1 - 2x)$ c) $2,5 \cdot (1 - 2x)$
d) $-8 \cdot (1 - 3x)$ e) $\frac{1}{3} \cdot (2x + 1)$ f) $\frac{1}{6} \cdot (4 - x)$

6

Lösungswort: ENDE
a) $9x - 12$ (E)   b) $9x - 6$ (N)
c) $-9x - 6$ (D)   d) $9x + 6$ (E)

7

a) z.B.: 1 und 3; 3 und 5; 5 und 7; usw.
b) Die kleinere Zahl sei x. Dann heißt die darauf folgende ungerade Zahl $x + 2$. Die Summe der beiden Zahlen ergibt sich als $2x + 2$.
Nun kann man ausklammern: $2 \cdot (x + 1)$

Gleichungen lösen, Seite 56

1

Das Lösungswort lautet: AMERIKA.

2

a) $x = 33$ b) $a = 41$ c) $y = 15$
d) $z = 54$ e) $x = 34$ f) $x = 14$
g) $x = 11$ h) $x = 20$ i) $n = 22$
j) $p = 50$
Das Lösungswort lautet: BEWEGUNGEN.

3

a) $4x = 24$; $x = 6$ b) $x : 3 = 17$; $x = 51$
c) $2x + 3 = 23$; $x = 10$ d) $x + 3 = -5$; $x = -8$

4

a) $3d = k$; $d = 2k$ b) $2d + k = 3k$; $d = k$
c) $2d = 3k + d$; $d = 3k$ d) $4d = 2d + (d + 2k)$; $d = 2k$

5

Torsten hat $2x$ Punkte. Es gilt: $x + 2x = 1950$, d.h. $x = 650$.
Also hat Andreas 650 Punkte und Torsten hat $2 \cdot 650 = 1300$ Punkte.

Äquivalenzumformungen bei Gleichungen (1), Seite 57

1

b) $2x + 7 = 31$ $x = 12$ c) $3x = 27$ $x = 9$
d) $2x + 7 = x + 20$ $x = 13$

2

a) $x = 3$ b) $x = 8$

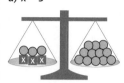   

c) $x = 4$ d) $x = 5$

3

b) $z - 0,5 = -3,6$ $| + 0,5$
$z = -3,1$
Probe: $-3,1 - 0,5 = -3,6$

c) $y \cdot 4 = 32$ $| : 4$
$y = 8$
Probe: $8 \cdot 4 = 32$

d) $a : (-4) = 12$ $| \cdot (-4)$
$a = -48$
Probe: $(-48) : (-4) = 12$

e) $\frac{1}{2}x \cdot 5 = 10$ $| \cdot \frac{2}{5}$
$x = 4$
Probe: $\frac{1}{2} \cdot 4 \cdot 5 = 10$

f) $b : \frac{1}{4} = -8,8$ $| \cdot \frac{1}{4}$
$b = -2,2$
Probe: $(-2,2) : \frac{1}{4} = (-2,2) \cdot 4 = -8,8$

4

a) $x = 3$ b) $x = 40$ c) $x = 18$ d) $x = -3$
e) $x = 27$ f) $x = -\frac{1}{2}$ g) $x = 19$ h) $x = 9$
i) $x = 53$ j) $x = 24$ k) $x = 10$ l) $x = 1$
m) $x = 20$ n) $x = 5$ o) $x = 12$ p) $x = -2$

5

a) x steht für den Preis des PCs. Es ist: $x + (x - 300) = 650$, d.h.
$x = 475$. Der PC kostet also 475 € und der Monitor 175 €.
b) x steht für die gegebene bzw. gesuchte Zahl. Es ist:
$(3x - 1) \cdot 4 = 32$, d.h. $x = 3$. Die gesuchte Zahl ist also 3.

Äqivalenzumformungen bei Gleichungen (2), Seite 58

1

b) $-24 = \frac{1}{3}x + 21$ $| - 21$
$-45 = \frac{1}{3}x$ $\boxed{| : 3}$ $-45 = \frac{1}{3}x$ $| \cdot 3$
$15 = x$ $-135 = x$
c) $-16 - 2x = 38$ $| + 16$
$-2x = 54$ $\boxed{| : 2}$ $-2x = 54$ $| : (-2)$
$x = 27$ $x = -27$

d) $4(x + 5) = 2(4x + 11) - 2$ $|$ vereinfachen
$4x + 20 = 8x + 20$ $| - 4x$
$20 = 4x + 20$ $| - 20$
$\boxed{40} = 4x$ $\boxed{| : 2}$ $0 = 4x$ $| : 4$
$x = 10$ $x = 0$
e) $2x + 20 = x - 24$ $| - x$
$x + 20 = -24$ $| - 20$
$x = \boxed{-4}$ $x = -44$

2

a) $x - 12 = -8$ $| + 12$ b) $\frac{1}{2} + x = -\frac{1}{2}$ $| - \frac{1}{2}$
$x = 4$ $x = -1$

c) $x \cdot 4 = -10$ $| : 4$ d) $6 - \frac{1}{2}x = 5$ $| - 6$
$x = -2,5$ $-\frac{1}{2}x = -1$ $| \cdot (-2)$
$x = 2$

e) $8x + 3 = 7$ $| - 3$ f) $8x - 5x = -12$ $|$ vereinf.
$8x = 4$ $| : 8$ $3x = -12$ $| : 3$
$x = 0,5$ $x = -4$

g) $35 - (x + 6) = 22$ $|$ vereinf.   h) $\frac{x}{2} + 49 = -\frac{x}{8} - \frac{x}{4}$ $|$ vereinf.
$29 - x = 22$ $| - 29$ $\frac{7}{8}x = -49$ $| \cdot \frac{8}{7}$
$-x = -7$ $| \cdot (-1)$ $x = -56$
$x = 7$

i) $2 \cdot (4x + 3) = 4x - 18 |$ vereinf.
$4x = -24$ $| : 4$
$x = -6$

3

a) Fahrzeit Herr Schlau: $x - 2$
Wege für Herrn Klug: $60x$; für Herrn Schlau: $80 \cdot (x - 2)$
Zusammen nach x Stunden: $60x + 80 \cdot (x - 2)$
Gleichung: $60x + 80 \cdot (x - 2) = 540$
$x = 5$
Herr Klug fährt 5 Stunden. Sie treffen sich um 13 Uhr.
b) Herr Schlau hat 240 km zurückgelegt.

4

Gleichung: $2x + 2 \cdot 2x = 102$; $x = 17$
Das Rechteck ist 34 cm lang und 17 cm breit.

Problemlösen mit Gleichungen, Seite 59

1

Richtig sind:
A Verstehen der Aufgabe:
• Der Hase läuft 150 Fuß vor dem Fuchs.   **34**
• Pro Sprung legt der Hase 2 Fuß zurück.   **−4**
• Pro Sprung legt der Fuchs 4 Fuß zurück.   **44**
• Nach wie vielen Sprüngen befinden sich
Fuchs und Hase an der gleichen Stelle?   **19**
Zusammen 93 Punkte

B Ausdenken eines Plans:
• Zahlenbeispiel: Nach 10 Sprüngen hat der
Hase 150 Fuß + 20 Fuß zurückgelegt. Der
Fuchs ist dann 40 Fuß weit gekommen.   **72**
• x steht für die Anzahl der Sprünge.   **3,5**

- Weg des Hasen: 150 + 2x   **7,5**
- Weg des Fuchses: 4x   **23**
- Gleichung: 150 + 2x = 4x   **81**

Zusammen 187 Punkte

C Durchführen des Plans:
- Ich kann die Gleichung durch Äquivalenzumformungen lösen.   **-34**
- $150 + 2x = 4x$ $| -2x$ **12**
-      $150 = 2x$ $| : 2$ **40**
-       $75 = x$ **-26**

Zusammen -8 Punkte

D Rückschau:
- Antwort: Nach 75 Sprüngen holt der
Fuchs den Hasen ein.   **-7**
- Probe: $150 + 2 \cdot 75 = 300$ und $4 \cdot 75 = 300$ **12**
- Die Rechnung ist richtig.   **39**
- Das Ergebnis scheint realistisch. **17**
- Bei der Aufgabe war unberücksichtigt geblie-
ben, dass ein verfolgter Hase Haken schlägt. **-7**

Zusammen 54 Punkte

2
a) Skizze A; Ergebnis: a = 5 cm
b) Skizze C; Ergebnis: x = 0,3 m
c) Skizze E; Ergebnis: x = 17 cm

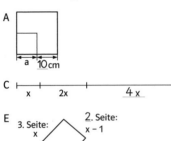

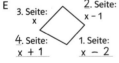

Terme und Gleichungen | Merkzettel, Seite 60

■ **Text:** Zahlen; Variablen; Wert; Terms; äquivalent
Beispiele: $U = a + 2a + a + 2a + 2a + 4a = 12a$

■ **Text:** Ausklammern
Beispiele: $3,2 + 1,8 + y + 2y = 5 + 3y$
$(2,4 + 3,6) + x = 6 + x$
$(4 \cdot 2,5) \cdot x = 10x$
$4 \cdot 2,5 + 4 \cdot x = 10 + 4x$

■ **Beispiele:** x = 2   13

linker Term	rechter Term
$7 \cdot 2 - 1$	$3 \cdot 2 + 7$
$= 13$	$= 13$

L = {2}

■ **Text:** Äquivalenz
$3x + 7 = 23 + x$ $| - x$
$2x + 7 = 23$ $| - 7$
$\quad 2x = 16$ $| : 2$
$\quad\quad x = 8$

Beispiele: $8x - 5 - 2x = 3x + 9 + 1$
$\quad\quad 6x - 5 = 3x + 10$ $| - 3x$
$\quad\quad 3x - 5 = 10$ $| + 5$
$\quad\quad\quad 3x = 15$ $| : 3$
$\quad\quad\quad\quad x = 5;\ L = \{5\}$

Probe: $40 - (5 + 10) = 3 \cdot 8 + 1$
$\quad\quad\quad\quad 25 = 25$

Üben und Wiederholen | Training 3, Seite 61

1
a) $(-5,25) \cdot (-5,4) = 28,35$
b) $(-11,02) + (-5,25) + (-1,06) = -17,33$
c) $2 \cdot (15,13 + 13,98) = 58,22$
d) $2 \cdot (-11,02) - (-11,02) = -11,02$

2
a) $-\frac{1}{6}$ b) $-\frac{1}{1}$ c) $\frac{7}{4}$ d) $-\frac{1}{24}$ e) $\frac{1}{27}$ f) $-\frac{16}{35}$

3
In die Lücken wird eingetragen:
a) 5   b) -4   c) -5   d) -5   e) -3
f) -28   g) -3   h) 4   i) 15

4

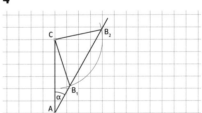

$c_1 = 13\,mm$, $c_2 = 39\,mm$

5

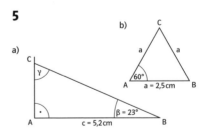

Üben und Wiederholen | Training 3, Seite 62

6
a) Gewinn pro Mitspieler: 4 720 €   Gesamtgewinn: 33 040 €
Die Zuordnung ist umgekehrt proportional.
b) Zeit für die Strecke: etwa 140 min
Die Zuordnung ist proportional.

c) Fertige Kisten nach sechs Stunden: 168
Die Zuordnung ist proportional.

7

Münze	Radius	Durchmesser	Flächeninhalt
1 ct	8,125 mm	16,25 mm	207,39 mm²
1 €	11,625 mm	23,25 mm	424,56 mm²
2 €	12,875 mm	25,75 mm	520,77 mm²

8

a) 500 € · 0,75 = 375 € b) 350 € · 0,98 = 343 €
c) 400 € · 1,19 = 476 €
Die Schule sollte das Angebot b) wählen.

9

$U_{CD} = 2 \cdot \pi \cdot 6\,cm \approx 37{,}70\,cm$
$U_{Mini\text{-}CD} = 2 \cdot \pi \cdot 4\,cm \approx 25{,}13\,cm$

10

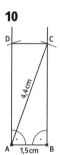

11

a) Zinsfaktor: 1,1
b) Die Werte der Rechentreppe sind:
1100 €; 1210 €; 1331 €; 1464,10 €; 1610,51 €; 1771,56 €;
1948,72 €; 2143,59 €. Es dauert 8 Jahre.
c) Peters Behauptung ist falsch. 2000 € Grundkapital übersteigen das Doppelte (4000 €) auch erst nach 8 Jahren.
2000 € zu 1,1 % verzinst:
2000 € → 2200 € → 2420 € → 2662 € → 2928,20 € →
3221,02 € → 3543,12 € → 3897,43 € → 4287,18 €

Üben und Wiederholen | Training 3, Seite 63

12

a) 2x − 5   b) −2,4 k   c) −7,5 y − 6   d) −n

13

a) 12 − 10 a   b) −3x + 0,8
c) −63 n + 105   d) 13,5 m − 6

14

b) x = 3   c) x = 4   d) x = −9   e) x = 1   f) x = 1,5

15

a) Mittelwert: 22; Zentralwert: 20

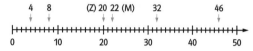

b) Mittelwert: 108; Zentralwert: 109

16

siehe Figur 1 und Tabelle 1

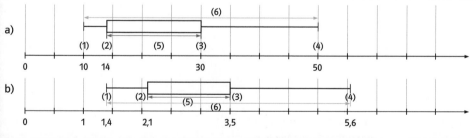

Fig. 1

	(1) Minimum	(2) unteres Quartil	(3) oberes Quartil	(4) Maximum	(5) Quartilabstand	(6) Spannweite
a)	10	14	30	50	16	40
b)	1,4	2,1	3,5	5,6	1,4	4,2

Tab. 1

Beilage zum Arbeitsheft Lambacher Schweizer 7   **ISBN:** 978-3-12-734775-3
                                                     ISBN: 978-3-12-734776-0

Zeichnungen / Illustrationen: druckmedienzentrum GmbH, Gotha; visualdesign, Stuttgart
Satz: druckmedienzentrum GmbH, Gotha